ACTE PUBLIC

POUR LA LICENCE,

PRÉSENTÉ

A LA FACULTÉ DE DROIT DE STRASBOURG,

PAR

HENRI DUGUÉ DE LA FAUCONNERIE,

DE PARIS.

STRASBOURG,

TYPOGRAPHIE DE G. SILBERMANN, PLACE SAINT-THOMAS, 3.

1858.

UNIVERSITÉ DE FRANCE.

ACADÉMIE DE STRASBOURG.

ACTE PUBLIC
POUR LA LICENCE,

PRÉSENTÉ

A LA FACULTÉ DE DROIT DE STRASBOURG,

ET SOUTENU PUBLIQUEMENT

LE JEUDI 21 JANVIER 1858, A MIDI,

PAR

HENRI DUGUÉ DE LA FAUCONNERIE,

DE PARIS.

STRASBOURG,

TYPOGRAPHIE DE G. SILBERMANN, PLACE SAINT-THOMAS, 3.

1858.

A MON PÈRE

ET

A MA MÈRE.

A

MONSIEUR S. MIGNERET,

PRÉFET DU BAS-RHIN.

FACULTÉ DE DROIT DE STRASBOURG.

MM. Aubry ✻, Doyen. . . . . Droit civil français.
    Hepp ✻ . . . . Droit des gens.
    Heimburger . . , ... Droit romain.
    Thieriet ✻ . . . . Droit commercial.
    Schützenberger ✻. . . . . . . Droit administratif.
    Rau ✻. . . . . Droit civil français.
    Eschbach . . . . Droit civil français.
    Lamache ✻. . . . . Droit romain.
    Destrais. . . . . Procédure civile et législation crimin.

M. Blœchel ✻, professeur honoraire.

MM. Lederlin,
    Marinier, } professeurs suppléants provisoires.

M. Bécourt, officier de l'Université, secrétaire, agent comptable.

Président de la thèse, M. Rau.

Examinateurs : MM. { Eschbach.
    Lamache.
    Marinier, sup. prov.

JUS ROMANUM.

De adoptionibus.
Inst., 1, 11; Dig., I, 7; Cod., VIII, 48.

PROOEMIUM.

Adoptionis exempla a remotissimis temporibus apud historicos reperire est.

Nòta erat in hæbreis legibus, et sacri liberi narrant a Sarra Abraham ad id inductum ut Agar duceret suscipiendorum liberorum causâ et adoptandorum, eodemque modo Esther Mardocheo adoptatam fuisse.

Veresimile est et Aegyptios adoptione usos esse. Athenis præsertim et Romæ institutum illud maximè valuit. Non nostrum est ibi recognoscere quibus modis apùd Græcos mutatum est; ad Romanos veniendum est, quibuscum nobis res est.

Adoptionis. originem hanc apud Romanos fuisse putant doctores, quod cum unaquæque familia, sacra sua privata focos et aras haberent, omni ope nitebantur Romani ne illa sacra interirent, adeoque deficiente prole naturali curabant aliquem per adoptionem in suam gentem et familiam et sacra transire, ut per eam hæc sacra perpetuarentur. Etenim in Historia romana, magnus gentium numerus occurrit, jamjam liberis deficientibus extinguendarum, quæ ab adoptione filiationis fictivæ subsidium petunt. Dicendum tamen est adoptivos patres non eodem honore habitos fuisse quam qui liberos dedissent.

D

1

Magni refert adoptionis naturam sedulò describere. Res erat quæ ad civitatem pertinebat et ad conservandum reipublicæ statum tendebat, quum illius effectu civis, ut in alterâ familiâ quasi absorberetur, suam relinqueret. Quamobrem in principio institutiones romanæ quæ optimatibus et patriciis favebant eâ tantum conditione adoptionem permittebant, si populus aut curia juberent. Postea mos ille paulatim evanuit, et sicut vidimus vindicta et cessione in jure libertatem dari nec censum expectari, ità, sequentibus ætatibus, invenimus hanc eamdem vindictam et cessionem in jure genus quoddam adoptionis proferentem in quo populi consensus non-adhibebitur. Jus enim privatum in publicum jus invadit.

Adoptio autem in duas partes dividitur, quarum altera adoptio simpliciter dicitur, altera adrogatio. Illa ad filiosfamilias spectat; hæc autem ad patresfamilias.

Quæ quidem species nobis sejunctim inspiciendæ sunt, quibus illud inter se commune est, quod patriam semper potestatem transferant : ea enim est vis hujus definitionis : actus legitimus quo quis extraneus, ab altero filii nepotisve loco accipitur, illiusque patriæ potestati subjicitur.

LIBER PRIMUS.

De adoptione.

CAPUT PRIMUM.

DE ADOPTIONIS FORMA.

Adoptionem principio populus curiatis comitiis jubebat; sed paulatim variis rationibus usi sunt, ut devio itinere eodem pervenirent. Quippè duodecim Tabulæ ità canebant : «Si pater filium ter venum dicit, filius a patre liber esto.» Ea via ingressi mancipationem juxta et cessionem in jure adhibuèrunt homines, ut quæsitum finem contingerint : sic autem rem aggrediebantur.

Naturalis pater adibat ad magistratum, prætorem, præsidem aut quemcumque apud quem legis actio erat, atque coram quinque testibus romanis civibus, antestato et libripende qui libram æneam tenebat, filium suum mancipabat, sequentibus formulis usus; dicebat enim adoptivum patrem allocutus : « Mancipo tibi hunc filium qui meus est. » Atque pater adoptivus respondebat : « Hunc hominem ex jure quiritium meum esse aio, isque mihi emptus est hoc ære, æneaque libra. » Quoad durabat mancipium, patria potestas, ut ità dicam, torpebat, necdùm extinguebatur; eo autem desinente, filius potestate illius a quo emptus fuerat solutus, potestati sui patris, qui ipsum poterat iterum vendere, denuò rursus subjiciebatur. Hoc verò mancipium, à patre emptori factum, ter iterabatur. Novâ subindè mancipatione filius ex emptoris mancipio in patris mancipium redibat. Tum oriebatur quædam litis simulatio.

Is qui adoptare volebat adoptandum juvenem ut suum repetebat, minimè autem contradicebat pater, silebat filius, nec jàm poterat prætor repetenti causam non adjudicare. Ea erat cessio in jure quæ adoptivi patris potestatem constituebat. Apud Gaium alia est ratio filiosfamilias adoptandi, at locus corruptus est.

Justiniano principe, ficti illi et devii modi omninò sublati sunt, et adoptio expeditiori ratione absoluta est; nulla mancipatio, cessio in jure nulla. Satis est ad magistratum accedere patrem adoptivum, patrem naturalem et adoptandum filium : imò satis est filium nihil contrà dicere; tacitâ ejus assensione res peragitur.

Accidit tamen aliquandò ut trium horum consensus non sufficiat; quum videlicet adoptatus adoptantis domum loco nepotis ingreditur; tunc quidem vel hunc titulum accipit, nullo patre designato, quasi incerto natus; vel ab uno ex adoptantis liberis adoptatur ut filius : et ideò in unâ adoptione quasi duæ eveniunt. Itaque istius filii consensus exigitur. Nàm, mortuo avo, is qui adoptatus est, non fit liber, et sub potestate illius quem loco patris acceperat, cadit. Atqui nemini invito suus heres adgnascitur, quemadmodùm fieri vidimus in titulo *De nuptiis*, in quo avus nepotem in matrimonium collocare nequit sine filii sui consensu quod eo facto in illius filii familiam novas personas induceret.

Imperante Justiniano non potest adoptatio confici per procuratorem « neque adrogare, neque adoptare quis absens, nec per alium ejusmodi solemnitatem peragere potest.

Oportebat equidem secundum solemnes ritus adoptionem perfici. Attamen apud Marcellum reperitur locus, quo nos docet adoptionem, quam jus non probat, posse ratam fieri : « Cognitâ causâ, inquit, adoptio non jure, facta à principe confirmari potest.

CAPUT SECUNDUM.

DE ADOPTIONIS CONDITIONIBUS.

Qui vult adoptare, in primis debet esse civis romanus et sui juris : sin minus non sibi patriam potestatem compararet.

Plenâ pubertate, id est decem et octo annis, qui vult adoptare præcedere debet illum quem in filii loco adoptat.

Feminæ adoptare priscis temporibus non poterant, quia naturales liberos in suâ potestate non habebant. Sed deindè ex indulgentiâ principis adoptare potuerunt in solatium amissorum suorum filiorum. Illis tantùm rationibus Diocletianus et Maximianus constitutione suâ feminis adoptandi auctoritatem attulerunt; sed tùm adoptio matrem et adoptivum filium iisdem vinculis jungit, quibus mater et ejus liberi tenentur. Justinianus autem institutionibus et Leo imperator in septimâ et vicesimâ constitutione, effusius jus illud feminis concedunt.

Quum autem de iis qui generare non possunt agitur, spadones inter et castratos discrimen ponitur. Hi enim soli adoptare non possunt. At in prioribus naturæ vitium haud itâ certò constat, ut non possit olim corrigi; in posterioribus verò absurdum esset, si quis crederet ab eis liberos unquam susceptos iri; tamen postea etiam castratis hanc facultatem denegatam tribuit Leo imperator.

Qui uxores non habent filios adoptare possunt. Non enim repugnat ut fingatur eos habuisse uxorem et filium posse.

Imperio magistratûs masculi feminæque, puberes et impuberes, omnes qui sunt alieni juris adoptari possunt. Potest filius æmancipatus adoptari; quod quidem diù in incerto mansit de nothis. Quippè per quatuor prima imperii sæcula non reperimus principem vel semel permisisse ut nothi adoptarentur. Posteris autem ætatibus aliquid de antiquâ illâ severitate remiserunt, namque Anastasius in edictis suis jubet nothorum adrogationes anteà imperialibus rescriptis concessas idem valere ac si quis, matrimonio sequente, spurium ingenuitatis jure donaret. «Filios insuper et filias jàm per divinos adfatus a patribus suis in adrogationem susceptos vel susceptas, hujus providentissimæ nostræ legis beneficio et juvamine potiri censemus» (*C. de naturalibus liberis*, l. 6).

Justinus imperator, anno 519, decrevit (Lex 7, *Ejusdem tituli*) filios principis permissu ante et post Anastasii leges adoptatos omnibus adoptionis effectibus fruituros; quod ad hoc tempus eorum adoptio nullâ lege certâ prohibita fuisset: «Naturalibus insuper filiis vel filiabus ex cujuslibet mulieris cupidine non incesta, non nefaria procreatis, et in paterna per adrogationem seu per adoptionem sacra susceptis ex divinis jussionibus sive antequam lex irrepserit, sive post eamdem legem usquè ad præsentem diem, non sine ratione duximus suffragandum : ut adoptio seu adrogatio firma permaneat, nullis prorsùs improbanda quæstionibus: quasi quod impetraverunt lege quâdam interdictum sit. Quoniam et si qua priùs talis emergebat dubitatio, remittenda fuit, movente misericordiâ, quâ indigni non sunt qui alieno laborant vitio. Sint itàque post eamdem adrogationem seu adoptionem sui et in potestate patrum, successiones tam ab intestato quam ex testamento capiant prout in adrogatis seu adoptatis constitutum est.» Sed eodem tempore edixit in posterum legem Anastasii in irritum constitui : «Quicumque posteà legitimos filios habere vellet, ad id cogi ut uxorem duceret; omnesque nothorum filiorum adoptiones, principis rescripto non permissas, bonis moribus contrarias haberi et irritas esse.

Justinianus in integrum confirmavit legem hanc moribus et justitiæ
congruentem , dicendo se quidem non ignorare superioribus impera-
toribus adoptionem visam fuisse, viam minime legibus repugnantem .
spurium filium ingenuitatis jure donandi; ipsi verò illud puris moribus
adversum videri.

CAPUT TERTIUM.

DE ADOPTIONIS EFFECTIBUS.

Adoptio simul atque conficitur, omnia solvit vincula, quibus adoptatus suæ naturali familiæ alligabatur, agnationemque quâ jungebatur
illius agnatis, qui ipsum in adoptionem dedit rumpit. Eo ipso, quod
novæ familiæ inseratur, est capite minutus. At solus e suâ familiâ egre-
ditur et ingenui liberi quos ante adoptionem suscepit, in illâ familiâ
remanent sub patrisfamilias potestate; qui quidem si uxorem ducere
cupiunt, ex hoc patrefamilias veniam petere debent, non autem ex
illo, qui in aliam familiam transiit.

Sunt autem illi jura quædam servata: scilicet in jus vocari non poterit a filio, nisi isti in jus vocationis auctoritatem magistratus
dederit, namque ut ait Ulpianus, naturalis parens, nequidem dùm
est in adoptivâ familiâ, in jus vocatur.

Adoptivus autem filius , a contrario, quia erga suum patremfamilias, civili tantum agnationis jure tenetur, rupto vinculo, hoc ipso
officio liberatur.

Veniamus nunc ad gravissimam illam partem quâ hereditatum ordo
componitur.

Quum filiusfamilias per adoptionem ex alterâ familiâ in alteram
transgressus est, patris naturalis testamentum valet, quanquam filius,
quem in adoptionem dedit, heres vel exheres in eo scribatur, dum-
modò filius hic ante naturalis patris obitum non ab adoptivo
patre emancipatus fuerit. Namque in tali re adoptivus filius adversùs
patris testamentum objicere potest possessionem bonorum contra tabu-
las, ut omnibus emancipatis conceditur.

Dicendum nunc est de hereditatibus quæ ab intestato deferuntur.

Filiis adoptivis triplex esse potest conditio, quum naturalis patris intestati hereditas agitur.

1° Possunt esse in adoptivâ familiâ et vidimus eos in eo casu, quum jam ceterorum, quibus familia naturalis ipsorum constat, non sint agnati, nequire patrisfamilias hereditatem adire, neque heredum suorum neque agnatorum nomine: sed tùm hereditatis jure in naturali familiâ amisso., hereditatis jus in adoptivâ familiâ illis suppetit: sunt sui heredes adoptivi patris.

2° Possunt ex adoptivâ familiâ excludi ; nullum in eâ jus servant. Tùm prætor illis privilegia sanguinis reddit; cum suis heredibus concurrunt possessione undè liberi.

3° Possunt emancipari post naturalis patris obitum : serius quidem. Jus omne in utrâque familiâ amisere. Prætore autem jus nullum eis in naturalis patris hereditatem dante, omni patriâ hereditate carerent, nisi postero tempore, ut videbimus, Justinianus remedium attulisset.

Adoptatus quum jam non sit agnatus, ergà naturalis patris libertos fit alienus. Præterea non ei licet habere legitimam tutelam eorum, quorum in familiâ non jam numeratur.

Adoptatus filius adversus adoptivam familiam eodem loco est, quo fuisset, si in hâc familiâ natus esset, adoptantis nomen accipit, et suum ipse non servat, nisi adjecto exitu *ianus*. Sic Scipio appellatus est Scipio Emilianus et Cesar Octavianus.

Adoptivam familiam ingressus lares hujus familiæ ut suos amplectitur ; omnibus adoptantis agnatis fit agnatus ; quum uxorem ducere cogitat, patris adoptivi assensionem impetret necesse est.

Ducere uxorem non licet inter novos agnatos neque e recto ordine neque ex transverso cognationis gradu, quo est patruus et amita fratris sororisque filius aut filia.

Ejus, qui adoptatus est liberi, confectâ adoptione concepti, eodem loco habentur, ac si genus ex ipso adoptante ducerent, etiam quum eorum pater ante eos mortuus est, aut de adoptivâ familiâ egressus est.

Erat casus cujus ignoratur ratio, quo filiofamilias qui in adoptionem datus erat, debebatur quarta ex Senatusconsulto Sabiniano cum parens naturalis unum ex tribus masculis filiis in adoptionem dedisset, pater adoptivus illi quartam bonorum suorum relinquere debebat.

Quum omnibus adoptantis agnatis fiat agnatus, qui adoptatur in eorum hereditatibus jus acquirit; et contrà in eos omnibus tutelæ muneribus fungi debet; ubi enim emolumentum successionis, ibi et onus tutelæ.

Hi sunt præcipui adoptionis effectus: quorum quidem aliquos Justinianus correxit, ut, quantùm fieri posset, tueretur liberos ab istis adoptionibus quibus in naturali familiâ jus omne perdunt, neque in adoptivâ familiâ recuperant sive adoptantis inopiâ, sive intempestivis emancipationibus quæ adoptionem dissolvere poterant.

Nulla olim jura servabat adoptatus in naturalis patris successione, ità ut cum adoptivo patre emancipatus fuisset, omnem spem successionis amitteret, quod juris vitium correxit Justinianus, distinctione quâdam simplici.

Quod si avo cujusquidem in potestate non esset, in adoptionem detur filiusfamilias; manet stabile jus antiquum patris adoptivi in potestatem familiamque adoptantis transit filius. Si autem extraneus est is qui adoptat, manent jura patris naturalis et in hoc tantum casu adoptato prodest adoptio, scilicet quum intestatus decesserit adoptivus pater, tunc enim et filius ad illius successionem vocatur.

Idem de nepote vel nepte dicendum quos dederit in adoptionem paterfamilias, si tamen mortis avi tempore sui parentes non antecedant. Erat et quædam adoptionis species quum testator aliquem te stamento non solum in suam hereditatem adsciscebat, sed etiam in suum nomen.

Hæc autem adoptio hereditatem duntaxat testatoris tribuebat non jura familiæ nisi confirmaretur.

Sic confirmata est lege Curiatâ adoptio Octavi testame nto Cesaris adoptati.

LIBER SECUNDUS.

De adrogatione.

Vidimus adrogationem esse solemnen actum, quo paterfamilias sub alterius patrisfamilias potestatem traducitur, quo scilicet persona sui juris adoptatur.

Dicendum est, ut de adoptione propriè dicta fecimus, quæ sint adrogationis formæ, quæ conditiones, qui effectus.

CAPUT PRIMUM.

DE ADROGATIONIS FORMA.

Quùm adrogationis ea vis sit, ut tota familia statu suo se abdicet, in alterius communionem quasi infundatur èt alienorum sacrorum fiat particeps, necesse semper fuit, ut ritè formaretur, ad id conspirare eos quibus jus competit et sanciendi leges et res sacras componendi. Itàque in comitiis populi auctoritate, causâ a pontificibus cognitâ, efficiebatur. Ille qui adoptabat interrogabatur an vellet eum qui adoptaturus esset, justum sibi filium esse et is qui adoptabatur an consentiret; adrogatio autem dicta est ex illa duplici interrogatione; quæ quidem, quùm ad eum qui adoptabatur, tenderet, teste Cicerone, his verbis constabat : « auctor ne esses, ut in te P. Fontejus vitæ necisque potestatem haberet ut in filio? » (*Pro dom.* 20). Dicit vero Aulus Gellius isto modo interrogari populum : « Velitis jubeatis, Quirites uti Lucius Valerius Lutio Titio tàm jure legeque filius sibi siet, quàm si ex eo patre matreque familias ejus natus esset, utique ei vitæ necisque in eum potestas siet uti patri endo (pariendo) filio est. Hæc ità út dixi, ità vos, Quirites rogo? » (*Noct. att.*, 5, 19.)

Peracta duplici interrogatione, populus jubebat adoptionem vel repudiabat. Itàque Romæ tantum, at non in provinciis adoptio ista fieri poterat. In extremis reipublicæ temporibus, hoc jus antiquum, ut in

D   2

comitiis fierent adrogationes, sensim exolevit, sicut et ipsa comitia exolevere. Primum ad pontifices transiit, et quum deindè potestatem ac vim pontifices amiserunt, nec nunc jàm opus est intervenire ponti-fices, cum imperatores ipsi maximi póntifices essent, imperatores qui-bus populus romanus communicaverat imperium et potestatem, suis rescriptis adrogationes in quocumque loco, concedere solerunt. Itàque tàm provinciis quàm Româ intervenit adrogatio.

CAPUT SECUNDUM.

DE ADROGATIONIS CONDITIONIBUS.

Conditiones omnes quas diximus in adoptione adhiberi, adhibe-bantur etiam in adrogatione. Præterea sunt aliæ quædam huic pecu-liares atque ideò quod attinet ad consensum in simplici adoptione exi-gebatur consensus et adoptantis et naturalis patris : in adrogatione consensus postulatur ab eo, qui adrogat, et ab eo qui adrogatur.

Ulpianus nos docet pupillum quinque et vigenti annos natum a tutore vel curatore adrogari non posse : « nec ei licet arrogare qui tutelam vel curam alicujus administravit, ne forte pupillum arroget ad rationes non reddendas. » Minori sexagenta annis adrogatio non facilè permit-titur, quia magis liberorum procreationi studere debet nisi forte vale-tudo aut alia causa impediat (D., h. t., l. 15, § 2) : « Quid est horum in istâ adoptione quæsitum ? Adoptat annos vigenti natus etiam minor, senatorem ! » Ait Tullius contra Clodium (*Pro domo*, C. 13).

Oportere vidimus eum qui erat adrogandus esse patremfamilias. At quùm curiatùm auctoritas postularetur ipsum adesse necesse erat. Itàque impuberes et feminæ quæ comitiis interesse non po-terant, adrogari non poterant. At quùm curiæ auctoritas facta est supervacanea et imperatoris rescriptum satis fuit, ut adrogatio jubere-tur Antonini constitutio impuberium adrogationem permisit, his qui-dem conditionibus.

Diligenter perpendendum est quæ sit fortuna ejus qui adrogat et ejus qui vult adrogari, ut pateat, an adrogatio impuberi emolumenta præbeat. Inquirendum est an adrogator honestis moribus vivat, et honesta causa ad conficiendam adrogationem impellatur. Denique cavendum est ne is, qui adrogatur per adrogationem perdendarum fortunarum periculum incurrat. Quamobrem, hoc posito pupillum ante pubertatem posse mori, decretum est eum qui adrogat, illius bona naturalibus heredibus redditurum. Sin autem emancipatus fuisset aut exheredatus sine justâ et cognitâ causâ, necdùm puber, tùm ipsi pupillo bona reddi oportebat, et insuper quartam partem propriorum adrogantis partem; quia huic adrogatio non esse debuisset jocus emancipanti sine causâ vel exheredanti. Quod si contrà intra pubertatem emancipatus foret, sed cum justâ et cognitâ causâ, tùm habebat tantum jus recipiendi bona. Deniquè si illo pubertatem ineunte nihil horum eveniret, tùm poterat adrogationi reclamare, et si pubes factus non expediri sibi in potestatem ejus redigi probaverit, æquum est emancipari eum a patre adoptivo atque ità pristinum jus recuperare. Illa erat quasi in integrum restitutio, illi a magistratu data. Si non reclamaret aut reclamando non probaretur, confirmabatur adrogatio et omnes solitos effectus habebat.

Quæ de impuberibus dicimus et de feminis quæ postea adrogari potuerunt, intelligenda sunt; namque si Ulpianus ità contendit : « per populum verò romanum quidem feminæ non adrogantur. » At in Digestorum fragmento legere est, Justiniano imperante, ut virorum sic feminarum adrogationem permitti : « Nam et feminæ ex rescripto principis adrogari possunt (D., h. t., l. 21) ; ne facilè jura ingenuorum consequerentur homines libertinæ conditionis et in eorum sacra transirent, liberti adrogari non poterant, nisi a patrono ex justâ causâ et liberos non habente.

Necessarium erat eum qui adrogabat, adesse. Sic enim loquitur Ulpianus : « Non adrogare quis absens nec per alium ejusmodi solemnitatem peragere potest. Ille etiam non debebat habere liberos : quod quidem expresse Cicero dicit et Ulpianus confirmat. Adrogatus etiam filius alteram adrogationem impediisset (D., h. t., l. 15, § 3).

CAPUT TERTIUM.

DE ADROGATIONIS EFFECTIBUS.

Illud proprium est adrogationis quod is qui liberos in potestate habet, si se adrogandum dederit, non solum ipse potestati adrogatoris subjicitur, sed etiam liberi ejus et nepotes. Itàque Augustus voluit adoptare Tiberium postquam tantum ille Germanicus adoptaverat, ut Germanicus nepos suus fiat. Item omnia quæ adrogati bona erant, tacito jure in bonis adrogatoris transeunt.

Attamen ususfructus et ea quæ pereunt propter minimam capitis deminutionem et agnationis jura non erant adroganti parta; sed illud Justiniani constitutione prohibitum fuit. Quemadmodum jura quæ dat patria potestas in bona a filiisfamilias parta, etiam factâ adoptione manebant, ità is qui adrogabat, bonorum adrogati usum et fructum tantum modo habebat. Hic autem, si in adoptivâ adhuc familiâ moriatur, dominium ipsum ad adrogantem transfertur. « Nisi supersint aliæ personæ quæ ex constitutione nostrâ patrem, iniis quæ adquiri non possunt, antecedunt. » Nullus adrogato supersit oportet neque filius aut nepos, neque frater aut soror.

Quod ad æs alienum adrogati attinet adrogator non illud solvere cogebatur : obligari enim non poterat non magis adoptivi quàm naturalis filii facto. Verum creditoribus dabatur licentia bona vendendi adroganti transcripta, si ille nominibus non responderet.

Denique adrogator illo uti potest qui in ipsius potestatem venit; at si in suam familiam omnes una induxit e quibus adrogati familia constabat, non poterit eos extrudere, non nisi singulos, quemque privatim in adoptionem mancipando. Nisi tamen semetipsum in adrogationem dederit : quippè tùm omnes illum sequerentur.

DROIT CIVIL FRANCAIS.

De l'adoption.
(Code Napoléon, art. 343-360.)

PREMIÈRE PARTIE.

I.

DÉFINITION DE L'ADOPTION.

L'adoption est un contrat solennel et irrévocable qui, sans faire sortir un individu majeur de la famille où la nature l'a placé, établit entre lui et l'adoptant des rapports de paternité et de filiation.

Le principal but de cette institution est de consoler par une paternité fictive les personnes qui ont perdu tout espoir d'avoir des enfants.

Les effets qu'elle produit sont à la fois moraux et politiques : elle réunit deux personnes que leur naissance avait faites complétement étrangères l'une à l'autre ; d'un enfant que sa misère aurait sans doute privé de toute éducation, elle fait un être privilégié qui, grâce aux soins qu'il a reçus pendant sa minorité, et grâce aussi à l'aisance qui lui est assurée, peut jouir des bienfaits de cette éducation et devenir par la suite un homme utile à son pays et à la société.

II.

HISTORIQUE.

L'adoption fut en usage dans les temps les plus reculés. Chez les Hébreux, où nous en trouvons plusieurs exemples; chez les Grecs et chez les Romains, où elle occupait une place considérable et ne pouvait être valable qu'avec le concours de l'autorité publique.

A Athènes, le père qui avait un fils adoptif devait, pour se marier, obtenir la permission du magistrat.

A Lacédémone, les actes d'adoption devaient être confirmés par le roi : c'était un moyen de légitimer les bâtards.

Chez les Germains, l'adoption se faisait par les armes.

Gontran, roi de Bourgogne, pour adopter Childebert, son neveu, lui dit : « J'ai mis ce javelot dans tes mains comme un signe que je t'ai donné mon royaume.

Justinien adopta par les armes Athalaric, roi des Ostrogoths.

Théodoric envoya au roi des Hérules un bouclier, une épée et des chevaux, dans l'intention de l'adopter.

L'empereur Alexis adopta Godefroi, duc de la Basse-Lorraine, en lui mettant ses habits impériaux.

Il est très-probable que l'adoption eut lieu en France sous les rois de la première race. On dit qu'en 672, Sigebert, roi d'Austrasie, adopta Childeric, fils de Grimoald, maire de son palais. Mais il faut croire que cet usage disparut sous les rois de la seconde race, car on en trouve à peine le nom dans les capitulaires, et encore n'est-ce la plupart du temps que pour désigner un héritier contractuel ou institué.

Cependant quelques coutumes en font mention. Ainsi, la Coutume de Xaintonge porte que l'affilié ne succède à l'affiliant qu'aux biens meubles et non aux héritages pour lesquels l'adoption ne peut lui profiter. Ainsi encore, nous avons trouvé dans la Coutume de Saint-Amand, en Flandres (tit. 26), à propos de l'affrerissement : « Il est que, par style anciennement usité en effet de contrat, on fait à ladite ville et terre

affrerissement par devant lesdits prévôts et quatre échevins pour le
moins; de sorte que l'on fait les enfants de premières noces semblables
aux enfants qui procèdent dudit second mariage, pour également partir aux biens de leurs père et mère, de quelque côté qu'ils soient procé-
dés : et ce, sur l'affirmation que font les plus prochains parents pater-
nels et maternels desdits enfants de premières noces, qu'audit affrerissement le bien desdits enfants est très-bien gardé. » Il n'y. a pas là,
comme on le voit, autre chose qu'une double adoption qui fait entrer
les enfants issus de secondes noces dans la famille de l'époux décédé,
et ceux issus de premières noces dans la famille du conjoint de celui
de leurs parents qui a survécu. L'art. 225 de la Coutume du Bourbon-
nais, l'art. 25 du titre 23, et le titre 8 de la Coutume du Nivernais
supposent que deux maisons veulent par mariage échanger leurs enfants, et établissent que, dans ce cas là, chacun des enfants doit avoir
dans la famille où il entre, les mêmes droits qu'y avait celui qui en
sort.

A côté de ces coutumes, nous en trouvons d'autres, comme celles
d'Audenarde, par exemple, ou de la Châtellenie de Lille (titre XVI)
qui disent : « Adoption n'a lieu. »

M. de Cordemoy, dans son histoire de Dagobert, prétend que l'adoption était permise quand on n'avait pas d'enfants; elle se faisait devant
le roi qui en donnait des lettres; l'enfant adoptif jouissait dès ce moment des biens de son père adoptif, à la charge de lui fournir toutes
choses dont il aurait besoin pour vivre commodément et suivant sa
condition.

Cependant les anciens jurisconsultes s'accordent presque tous à dire
que l'adoption ne fut permise en France dans aucune partie du royaume,
et il faut croire qu'en effet le nom n'en fut pas souvent prononcé.
Mais enfin, en dehors des exemples que nous venons de citer, n'est-ce
pas une espèce d'adoption honoraire que cette institution d'héritier
universel à la charge de porter le nom et les armes de la famille, institution dont nous trouvons de nombreux exemples.

D'ailleurs, qu'est-ce que ces lettres patentes des années 1560, 1643, 1672, confirmées par de nouvelles lettres patentes du mois de septembre 1729, homologuées par arrêt de la Cour du 7 septembre 1731, en vertu desquelles le droit est maintenu aux deux hôpitaux de Lyon, l'Hôtel-Dieu et la Charité, d'adopter les enfants orphelins; l'Hôtel-Dieu jusqu'à l'âge de sept ans, la Charité depuis sept ans jusqu'à quatorze.

Nous devons mentionner plusieurs adoptions dans des familles souveraines que l'histoire nous rapporte : Telles sont celle de Jahatine, fille du sultan d'Iconium, adoptée par Alexis Lange Comnène, empereur de Constantinople; celle d'Anne de Clèves, adoptée par Louis XIV; celle enfin de Louise-Élisabeth d'Orléans, fille de Philippe, duc d'Orléans, adoptée par Louis XV.

Ce ne fut qu'en 1792, le 18 janvier, que parut le décret qui, sans déterminer ni la forme ni les effets de l'adoption, décida que les lois qui y sont relatives seraient comprises par le comité de législation dans le plan général des lois civiles.

Le 21 fructidor an III, la Convention nationale renvoie de nouveau au comité de législation les questions relatives à l'adoption. Depuis le 18 janvier, bien des adoptions s'opéraient, et, ne reposant que sur la foi d'une promesse, elles attendaient une loi qui fixât leur sort. Cette loi fut rendue le 25 germinal an XI; elle décida que, pour la validité de ces adoptions, on n'exigerait que l'authenticité de l'acte; de plus, celui qui avait été adopté pendant sa minorité pouvait renoncer à cette adoption dans les trois mois qui suivraient la publication de cette loi. Quant aux effets de cette adoption, elles devaient être les mêmes que ceux des adoptions selon le Code Napoléon. Cependant l'adoptant peut ne laisser à l'adopté que le tiers des droits de succession que le Code Napoléon accorde à l'enfant adoptif, droits égaux, comme nous le verrons dans l'art. 350, à ceux de l'enfant légitime : seulement l'adoptant doit déclarer sa volonté à cet égard dans le délai de six mois.

Nous allons examiner rapidement les longues discussions auxquelles donna lieu l'introduction complète de l'adoption dans nos lois, afin d'en bien saisir, s'il est possible, le vrai principe et le caractère exact que les législateurs ont voulu lui donner.

Ce fut au sein du conseil d'État qu'eurent lieu de longs débats, afin de savoir si l'adoption prendrait place dans le Code Napoléon.

Les uns prétendaient que cette institution favoriserait le célibat et corromperait les mœurs; que d'ailleurs elle était inutile, car il y avait bien d'autres manières d'exercer la bienfaisance et de conférer la qualité d'héritier sans recourir à l'adoption. D'autres l'approuvaient comme institution politique et non comme institution civile. Ce devait être, selon leur opinion, un moyen d'encourager les citoyens à rendre des services à la patrie et à récompenser ceux qui lui en avaient rendus.

Quant à ceux qui voyaient la possibilité de l'adoption comme institution civile, leurs opinions étaient divisées sur la question de savoir quels en devaient être les effets.

Nonobstant cette diversité d'opinions, l'adoption fut admise comme institution de droit commun, et il s'agit alors de décider quelle en serait la forme.

Le premier consul prit la parole dans cette discussion, et prétendit que c'était une des grandes autorités de l'État qui devait prononcer l'adoption, institution qui ne devait être autre chose, selon lui, qu'une imitation de la nature. «Qu'est-ce donc en effet, dit-il, une imitation par laquelle la société veut singer la nature? C'est le plus grand acte que l'on puisse imaginer. Le fils des os et du sang passe dans les os et le sang d'un autre. Cet acte donne les sentiments de fils à celui qui ne les avait pas, et réciproquement ceux de père. Si l'adoption ne doit pas faire naître, entre l'adoptant et l'adopté, les affections et les sentiments de père et de fils, et devenir une imitation parfaite de la nature, il est inutile de l'établir. Elle n'est plus, en effet, qu'une simple institution d'héritier, et on peut la remplacer en étendant la faculté de disposer. »

Mais le Tribunat avait soulevé des oppositions sans nombre; le message du 2 janvier 1802 suspendit les travaux, qui ne furent repris qu'un an après, lorsque ceux de l'année précédente étaient déjà presque oubliés.

Ce fut un système nouveau qui prévalut, mais non sans peine, car on renouvela les discussions sur le principe de l'adoption. Le premier consul prit de nouveau la parole; mais comptant probablement déjà créer pour lui un mode spécial d'adoption, ainsi qu'il le fit plus tard[1], il abandonna le système qu'il avait défendu, et se contenta de soutenir le principe qui, grâce à lui peut-être, survécut à toutes les oppositions qu'il avait soulevées. Ce fut eu vain que M. Tronchet essaya de démontrer que l'adoption n'était qu'une conséquence de l'esprit nobiliaire, institution aristocratique destinée le plus souvent à frauder la loi sur la faculté de disposer; que d'ailleurs l'utilité en était très-contestable, et que le père n'adopterait le plus souvent qu'afin que sa succession n'arrivât pas à ses héritiers. A cela, le premier consul répondit que si dans l'origine l'adoption avait eu un principe aristocratique, les règles proposées, et auxquelles on la soumettrait, sauraient la mettre en harmonie avec les principes de la révolution; que, d'un autre côté, les avantages que cette institution présentait avaient une importance assez grande pour qu'on les prît en considération; que la vieillesse trouverait par elle des consolations plus sûres que celles qu'elle pouvait attendre des collatéraux; qu'au surplus, elle ne changeait rien à nos institutions, puisqu'il existait déjà un droit de faire porter son nom par un autre, et que l'adoption ne ferait que régulariser ce droit; qu'enfin l'adoption engageait les vieillards à élever les enfants, à veiller sur leur éducation, et à préparer ainsi des hommes solides sur lesquels la patrie pourrait compter.

On voit que Napoléon avait complétement abandonné son premier système et qu'il n'envisageait plus l'adoption que comme une institu-

---

[1] Le 15 brumaire an XIII le sénat dans son sénatus-consulte relatif à l'hérédité de la dignité impériale, déclara :

« La dignité impériale est héréditaire dans la descendance directe, naturelle, légitime et *adoptive* de Napoléon Bonaparte.

tion de droit privé, et ce fut en effet ce caractère qui prévalut. L'adoption fut un simple contrat passé par l'adoptant avec l'adopté majeur, préparé par les soins qu'il avait reçus pendant sa jeunesse, et accompli sous la surveillance et avec la sanction du pouvoir judiciaire. C'est un moyen de transmettre son nom et sa fortune, sans déranger les rapports qui existent naturellement entre l'adopté et sa famille naturelle.

« L'effet le plus heureux de l'adoption, dit le premier consul, sera de donner des enfants à celui qui en est privé; de donner un père à des enfants orphelins, de lier enfin l'âge viril à l'enfance. Avec ces effets, l'adoption appartient plus à l'état des personnes qu'à la législation sur les biens.» Il y a loin de là, on le voit, à une imitation parfaite de la nature, idée qui avait dominé à l'origine du projet.

Telles sont les discussions qui préludèrent à l'admission de l'adoption dans nos lois.

Le caractère précis et formel de l'institution ressort-il de là clair et évident? Nous n'osons pas l'affirmer. Toujours est-il que le Code en a déterminé les formes, les conditions et les effets que nous allons successivement examiner.

Toutefois nous mentionnerons encore, avant de terminer cet aperçu historique, quelques documents officiels sur l'adoption. C'est d'abord un extrait d'un décret du 1er mars 1808 concernant les titres, et dont l'art. 36 porte :

«Art. 36. Toutefois aucun de nos sujets, revêtu d'un titre, ne pourra adopter un enfant mâle, suivant les règles déterminées par le Code civil ou transmettre le titre qui lui sera accordé ou échu à un enfant adopté, avant qu'il soit revêtu de ce titre, si ce n'est avec notre autorisation, énoncée dans nos lettres patentes délivrées à cet effet.

«Celui qui voudra obtenir ladite autorisation se pourvoira devant notre cousin, le prince archichancelier, qui prendra à cet égard nos ordres.»

Ce sont ensuite les adoptions faites par la patrie.

Un décret du 5 juillet 1793 déclare que les enfants adoptés par la patrie porteront l'habit national.

La fille de Lepelletier, les six enfants de Richer, le jeune Latour et le citoyen Jouy sont successivement adoptés par la patrie.

Le 16 frimaire an XIV, Napoléon, par un décret, adopte tous les enfants des généraux, officiers et soldats morts à la bataille d'Austerlitz, et l'art. 3 porte :

«Art. 3. Indépendamment de leurs noms de baptême et de famille, ils auront le droit d'y joindre celui de Napoléon.»

Enfin le 16 décembre 1830, la France adopte les enfants des victimes de la révolution de juillet.

SECONDE PARTIE.

CHAPITRE PREMIER.

DES DIFFÉRENTES ESPÈCES D'ADOPTION.

On distingue trois espèces d'adoption :

1° L'adoption ordinaire,

2° L'adoption rémunératoire,

3° L'adoption testamentaire.

La première est une pure libéralité de la part de l'adoptant.

La seconde est celle par laquelle l'adoptant veut témoigner sa reconnaissance à l'adopté, lorsque celui-ci lui a sauvé la vie au péril de la sienne (art. 345), soit dans un combat, soit en le retirant des flammes ou des flots. Nous pensons que cet art. 345 n'est pas tout à fait limitatif et que la loi a voulu statuer sur le *plerumque fit*. Ainsi, qu'une personne ait exposé sa vie pour en retirer une autre d'un danger imminent, qu'elle ait été la chercher au fond d'un puits, d'une mine ou d'un éboulement, nous pensons que l'adoption rémunératoire pourra être permise, parce que le caractère essentiel à la validité de son existence est d'avoir exposé sa vie pour sauver son semblable. Mais si, au contraire, le service rendu, quelque important nu'il soit d'ailleurs, n'a pas mis en péril les jours de celui qui l'a rendu, il ne pourra pas légalement invoquer le bénéfice de la loi. Dans ce cas se trouve le médecin qui a guéri le malade d'une affection mortelle, l'avocat qui a sauvé son client d'une accusation capitale. Tous deux ont pu mettre le plus grand talent dans l'accomplissement de leur mission, mais ils n'ont pas exposé leur vie, et c'est là ce qu'exige formellement la loi. Ce qui le prouve d'une manière irrécusable, c'est qu'un projet du Code voulait permettre l'adoption rémunératoire d'une manière générale, en faveur de tous ceux qui auraient rendu des services importants, et que ce fut à la suite d'observations faites par M. Tronchet sur la nécessité de préciser ce que l'on entendait par des services importants que l'art. 345 fut rédigé.

La troisième espèce d'adoption est celle qui émane du tuteur officieux qui meurt avant la majorité de son pupille, mais après cinq ans révolus depuis le commencement de la tutelle (art. 366)[1].

CHAPITRE II.

DES CONDITIONS DE L'ADOPTION.

Les conditions requises dans la personne de l'adoptant et dans celle de l'adopté, pour que l'adoption soit valable, varient suivant que cette adoption est ordinaire, rémunératoire ou testamentaire. Nous allons donc examiner successivement les conditions exigibles pour chacune de ces espèces d'adoption.

---

[1] La tutelle officieuse est un contrat de bienfaisance, par lequel une personne s'oblige à nourrir et élever gratuitement uu mineur, à administrer la personne et les biens de ce mineur, à l'adopter lorsqu'il sera parvenu à sa majorité, ou à le mettre en état de gagner sa vie. Ce tuteur officieux doit comme l'adoptant être âgé de plus de cinquante ans; il ne doit avoir ni enfants ni descendants légitimes, et, s'il est marié, il doit demander le consentement de son conjoint.

M. Duranton a dit de la tutelle officieuse, qu'elle est dans notre code *comme un objet de luxe*, et, en effet, on n'en trouve que de très-rares applications.

§ 1. *Pour l'adoption ordinaire.*

L'adoptant doit toujours réunir sept conditions. Il faut :

1° *Qu'il ait l'exercice des droits civils.* On comprend que l'adoption, étant un contrat, est soumise, comme tous les autres contrats, à la loi commune, et que pour adopter, c'est-à-dire pour exercer un droit civil, il faut avoir l'exercice de ces droits.

2° *Qu'il soit âgé de cinquante ans,* parce qu'il importe de ne permettre l'adoption qu'à ceux qui sont parvenus à un âge où l'on ne peut plus guère espérer d'enfants. S'il en eût été autrement, l'adoption aurait pu altérer l'institution du mariage qui est avant tout la base de la société.

3° *Qu'il ait quinze ans de plus que l'adopté,* afin que la fiction ne soit pas trop en désaccord avec la nature et que l'espèce de *protection légale,* selon l'expression de Berlier, qui résulte de l'adoption, puisse conserver sa dignité. On a donc voulu qu'il y eut toujours entre l'âge de l'adoptant et celui de l'adopté à peu près assez de différence pour que l'un eût pu devenir le père de l'autre.

4° *Que son conjoint consente à l'adoption,* car l'adoption introduit un étranger dans la famille, et il ne faut pas qu'elle puisse devenir une cause de discussion ou une source de discordes dans le ménage. Le texte de la loi à cet égard est absolu, et nous pensons que dans le cas même de séparation de corps entre les époux, l'adoptant serait toujours obligé de requérir l'autorisation de son conjoint pour que l'adoption pût avoir lieu. D'ailleurs, ce n'est pas seulement la tranquillité du ménage qui est en question, il y a encore un intérêt pécuniaire pour l'époux survivant à ne pas se voir exclu de la succession par la présence d'un enfant adoptif qui, comme nous le verrons plus tard, est complétement assimilé à un enfant légitime. Il est bien entendu qu'en autorisant l'adoption, le conjoint n'adopte pas et ne s'impose aucune obligation.

5° *Qu'il jouisse d'une bonne réputation.* Institution essentiellement morale, l'adoption s'écarterait de son but, si les tribunaux qui l'autorisent n'étaient préalablement assurés de la moralité de l'homme auquel ils confient l'adopté. Voilà pourquoi le pouvoir des magistrats est complétement discrétionnaire. C'est officieusement du reste, et, comme nous le verrons plus tard, sans aucune espèce de procédure que le tribunal recueille les renseignements qui doivent le guider dans sa décision.

6° *Qu'il ait donné pendant six ans au moins des soins et des secours à l'adopté durant sa minorité.* Ici le législateur n'a pas voulu que l'adoption pût être l'effet d'une affection passagère et devenir dans la suite un sujet de regrets. Il a exigé que les rapports d'une bienfaisance persévérante aient lié l'adoptant et l'adopté l'un à l'autre, cherchant ainsi dans le passé une garantie morale de l'avenir.

7° *Qu'il n'ait au moment de l'adoption ni enfants, ni descendants légitimes,* car celui qui a des enfants avoués par la loi n'a pas besoin de chercher dans l'adoption la consolation d'une paternité fictive, et d'ailleurs il ne convient pas que des parents partagent avec des étrangers une affection qu'ils doivent tout entière à leurs propres enfants. La loi ne parle ici que des enfants et descendants légitimes, et non d'autres enfants adoptifs ou d'enfants naturels reconnus. Il faut bien remarquer aussi que le texte dit *au moment de l'adoption,* et que par conséquent, s'il naissait un enfant postérieurement à l'adoption, cette adoption n'en continue pas moins à exister. Nous verrons plus loin (question neuvième), si la conception d'un enfant à l'époque de l'adoption doit faire considérer cette adoption comme non avenue.

Telles sont les conditions requises de l'adoptant. Quant à l'adopté, il faut :

1° *Qu'il ait l'exercice des droits civils.* La raison en est la même que pour l'adoptant.

2° *Qu'il soit majeur.* L'adoption étant un contrat qui impose aux parties des obligations respectives et doit produire des rapports immuables, il eût été imprudent de ne pas exiger dans le consentement de l'adopté le caractère de liberté et de réflexion qui n'existe légalement que pendant la majorité.

3° Qu'il ait obtenu le consentement de ses père et mère ou du survivant, s'il est mineur de vingt-cinq ans sans distinction de sexe; après cet âge, il doit requérir leur conseil. L'adoption d'un enfant pouvant blesser profondément ses père et mère, le législateur n'a pas voulu que cet enfant pût être adopté sans leur consentement.

On voit qu'il y a quelques rapports entre l'adoption et le mariage, mais il y a aussi des différences saillantes qu'il importe de mentionner.

Ainsi, dans le mariage, il suffit du consentement du père; dans l'adoption, il faut celui du père et celui de la mère. Néanmoins il est évident que si, pour une cause quelconque, l'un des époux ne pouvait manifester sa volonté, le consentement de l'autre suffirait.

En second lieu, pour le mariage, si le père et la mère sont morts, le consentement des ascendants est nécessaire; il n'en est pas de même pour l'adoption. Dans le cas de prédécès de ses père et mère, l'adopté n'est tenu de requérir le consentement de personne.

De plus, pour le mariage, si, après un premier acte respectueux, le mineur de trente ans n'obtient pas le consentement de ses père et mère, il est tenu de renouveler cet acte deux fois de mois en mois, tandis que pour l'adoption la loi n'ayant pas désigné le nombre d'actes, nous pensons qu'un seul suffit, et qu'un mois après, l'adoption peut avoir lieu (Delvincourt, t. I, p. 257 notes).

Enfin, quand il s'agit du mariage, les filles sont majeures à vingt et un ans, tandis que, pour l'adoption, elles ne le sont comme les hommes qu'à vingt-cinq ans.

Toutes ces différences résultent de la faveur plus grande accordée au mariage qu'à l'adoption, en ce que le mariage est, selon l'expression de M. Valette, une institution nécessaire et fondamentale.

4° Qu'il n'ait pas été adopté déjà par une autre personne, si ce n'est par le conjoint de l'adoptant. L'ordre public, les mœurs et d'ailleurs la simple logique se trouveraient blessés si un enfant pouvait avoir un père adoptif dans une famille et une mère adoptive dans une autre. Mais on comprend facilement que cet inconvénient n'existe plus si l'adoption est faite par deux époux ; la fiction s'accorde très-bien alors avec la nature.

Nous ne pensons pas cependant, quoi qu'on en ait pu prétendre, qu'il faille interpréter le sens de l'art 344 d'une manière assez absolue pour croire que, même après la mort d'un premier adoptant, l'adopté ne puisse devenir l'objet d'une seconde adoption.

§ 2. *Pour l'adoption rémunératoire.*

La loi ne pouvant comprimer les élans d'une généreuse reconnaissance et voulant au contraire favoriser autant que possible l'expression des sentiments nobles et purs qui l'ont inspirée, a facilité beaucoup cette adoption exceptionnelle en la dispensant de plusieurs des conditions requises pour l'adoption ordinaire. C'est pourquoi l'adoption rémunératoire prend aussi quelquefois le nom d'adoption privilégiée.

Toutefois l'adopté doit réunir toutes les conditions requises pour l'adoption ordinaire.

Quant à l'adoptant, on n'exige de lui ni qu'il ait cinquante ans, ni qu'il ait quinze ans de plus que l'adopté, ni qu'il ait donné des secours à ce dernier pendant six ans. La reconnaissance de l'adoptant doit être une garantie de l'affection qu'il ressent pour l'adopté.

Il faut seulement :

1° *Qu'il soit majeur.* La raison en est la même que pour l'adoption ordinaire. Nul n'est capable à consentir un contrat s'il est mineur. Or l'adoption, qu'elle soit ordinaire ou rémunératoire, est toujours un contrat.

2° *Qu'il soit plus âgé que l'adopté, ne fût-ce que d'une semaine.* On voit que la loi, tout en s'écartant du principe qu'elle avait tracé pour l'adoption ordinaire, principe suivant lequel la fiction devait toujours autant que possible imiter la nature, ne veut pas cependant que l'adopté puisse être plus âgé que l'adoptant.

D

3° *Qu'il n'ait ni enfants ni descendants légitimes.* Car la loi protége avant tout l'enfant légitime et ne peut permettre que ses intérêts soient sacrifiés à aucune autre considération.

4° *Qu'enfin, s'il est marié, il ait obtenu le consentement de son conjoint.* Car ici encore le législateur a voulu éviter que, pour témoigner sa reconnaissance à un étranger, l'époux s'exposât à troubler la tranquillité du foyer domestique.

Mais la première partie de l'art. 344 qui dit : «nul ne peut être adopté par plusieurs si ce n'est par deux époux», est-elle rigoureusement applicable à l'adoption rémunératoire ?

Nous ne le pensons pas, et le conseil d'État l'a bien compris ainsi en ne citant pas cette partie de l'art. 344 dans l'énumération des conditions pour l'adoption rémunératoire, tandis qu'il énonçait formellement comme une de ces conditions la nécessité du consentement du conjoint, contenue dans la dernière partie de cet article.

D'ailleurs il nous semble que les raisons qui ont déterminé le législateur à ne pas permettre l'adoption ordinaire par plusieurs personnes, raisons de morale et de convenance, n'existent plus pour l'adoption rémunératoire. En effet, cette adoption est la suite d'un sentiment trop naturel et trop louable pour qu'on puisse le suspecter, et l'on peut en faveur de ceux qui font de l'adoption un moyen de manifester leur reconnaissance être moins rigoureux qu'envers les autres adoptants.

§ 3. *Pour l'adoption testamentaire.*

Nous avons vu, d'après la définition de cette espèce d'adoption, qu'elle est une conséquence de la tutelle officieuse.

Ainsi, lorsque le tuteur officieux, *après cinq ans révolus depuis le commencement de la tutelle* et dans la prévoyance de son décès avant la majorité de son pupille, lui confère l'adoption par acte testamentaire, cette disposition sera valable, *pourvu que le tuteur officieux ne laisse pas d'enfants légitimes.*

Telles sont les uniques conditions requises pour la validité de l'adoption testamentaire.

On voit donc qu'elle a cela de particulier :

1° Qu'elle peut avoir lieu au profit d'un mineur, ou plutôt qu'elle ne peut avoir lieu qu'au profit d'un mineur, car le testament devient nul si le tuteur ne meurt pas avant la majorité de son pupille.

2° Qu'elle ne peut être faite qu'après cinq ans révolus depuis le commencement de la tutelle. C'est là une garantie que la loi exige de la sincérité de l'attachement que le tuteur officieux ressent pour son pupille.

Ainsi, dans cette espèce d'adoption, la loi n'exige de l'adoptant ni qu'il ait cinquante ans, ni qu'il ait quinze ans de plus que l'adopté, ni qu'il ait le consentement de son conjoint, car le testament ne doit produire d'effet qu'à la dissolution du mariage par la mort du testateur, ni qu'il ait donné à l'adopté six années de soins et de secours, les cinq années de la tutelle officieuse remplissant le même but.

Nous ne terminerons pas ce qui a rapport à l'adoption testamentaire sans dire un mot d'une question à l'égard de laquelle la loi reste complétement muette. Nous avons dit plus haut, à propos de l'adoption ordinaire et de l'adoption rémunératoire, qu'une des conditions essentielles requises de la part de l'adopté est son consentement, puisque l'adoption, étant un contrat, ne peut avoir lieu que par le consentement des parties; nous avons dit de plus que, pour donner ce consentement avec le caractère de liberté et de réflexion sans lequel il n'existe réellement pas, il est de toute nécessité que l'adopté soit majeur. Or, dans le cas de l'adoption testamentaire, ce n'est pas l'adopté lui-même qui donne son consentement, c'est son conseil de famille qui le donne en son nom. Par conséquent, il nous semblerait injuste de le considérer comme irrévocablement lié par ce consentement, et nous pensons que l'adoption testamentaire reste provisoire jusqu'au moment où, parvenu à sa majorite, le pupille pourra d'une manière libre et réfléchie confirmer ou révoquer la décision de ses représentants.

CHAPITRE III.

FORMES DE L'ADOPTION.

Ici encore il est nécessaire d'établir une division, suivant laquelle les formes de l'adoption varient. Ainsi, ces formes ne sont pas les mêmes pour l'adoption ordinaire et pour l'adoption rémunératoire, c'est-à-dire pour ces deux espèces d'adoption que certains auteurs ont appelées *adoptions contractuelles*, que pour l'adoption testamentaire; nous allons donc les examiner séparément.

§ 1er. *Pour les adoptions contractuelles.*

S'il est certains contrats pour l'existence desquels la volonté seule des parties peut suffire, parce que les effets qu'ils produisent n'intéressent pas d'une manière directe la société et l'ordre public, il en est d'autres, au contraire, pour la formation desquels la loi exige autre chose que la volonté des parties, et qui n'existent d'une manière réelle qu'après avoir reçu la consécration de la puissance publique. L'adoption est de ce nombre, et c'est au pouvoir judiciaire que le législateur a confié le soin de la prononcer.

L'art. 353 porte : *La personne qui se proposera d'adopter et celle qui voudra être adoptée se présenteront devant le juge de paix du domicile de l'adoptant pour y passer acte de leur consentement respectif.*

Pourquoi devant le juge de paix du domicile de l'adoptant? C'est qu'il est nécessaire que l'homologation de cet acte soit prononcée par le tribunal dans le ressort duquel se trouve ce domicile, afin que les magistrats puissent être plus facilement édifiés sur la moralité de l'adoptant.

Le devoir du juge de paix se borne à dresser acte du consentement respectif des parties, sans qu'il soit chargé de vérifier en aucune manière si ces parties se trouvent dans les conditions exigées par la loi.

Du moment où cet acte est dressé par le juge de paix, le contrat d'adoption est constitué. Il ne suffit plus du consentement d'une des parties pour l'empêcher de produire ses effets jusqu'au bout. Il est cependant bien entendu que par un mutuel accord ce contrat peut être révoqué tant qu'il n'est pas devenu parfait par l'accomplissement de toutes les formalités exigées par la loi.

Pour obtenir l'homologation du tribunal, on remettra dans les dix jours (délai de rigueur) qui suivront la comparution devant le juge de paix au procureur impérial près le tribunal dans le ressort duquel est placé le domicile de l'adoptant, une copie de l'acte passé (art. 354).

Alors et dans la chambre du conseil, c'est-à-dire dans le secret le plus absolu, le tribunal, après avoir pris toutes les informations qui lui ont paru nécessaires, examinera « *s'il y a lieu ou non à l'adoption* », ce qu'il déclarera par une simple affirmative ou une simple négative, sans exposer ses motifs (art. 355-356). Ce jugement ne sera ni motivé, ni prononcé à l'audience, et cela pour deux raisons : 1º Que la Cour impériale peut encore le réformer; 2º que le rejet de l'adoption pourrait devenir une cause de déconsidération morale pour la personne qui se propose d'adopter.

Dans le mois qui suit, le jugement du tribunal de première instance est soumis à la Cour impériale qui prononce comme ledit tribunal, sans énoncer ses motifs.

C'est seulement après l'arrêt confirmatif de la Cour impériale que la décision du tribunal sera prononcée · « *Le jugement est confirmé* ou *le jugement est réformé ; en conséquence il y a* ou *il n'y a lieu à l'adoption.* »

Il n'y a que l'arrêt favorable à l'adoption qui reçoit de la publicité; autrement, lorsque l'arrêt délibéré dans la chambre du conseil n'est pas favorable, il n'est même pas prononcé à l'audience; et le sens de cet article est tellement absolu que si un arrêt, déclarant qu'il n'y a pas lieu à l'adoption, était prononcé en audience publique, ce serait un cas de nullité. Ainsi a statué la Cour de cassation, le 22 mars 1848.

On comprend qu'autant l'arrêt doit être gardé secret dans le cas où il déclare qu'il n'y a pas lieu à l'adoption, autant, dans le cas contraire, l'arrêt doit recevoir une grande publicité, afin que la société puisse connaître le changement survenu dans l'état d'un de ses membres. C'est pourquoi, en outre du prononcé en l'audience publique de l'arrêt d'homologation, la Cour peut de plus exiger qu'il soit affiché en tels lieux et en tel nombre d'exemplaires qu'elle le jugera convenable; c'est pourquoi aussi l'adoption doit être inscrite sur le registre de l'état civil du lieu où l'adoptant a son domicile, et cela dans les trois mois qui suivront le prononcé de l'arrêt, délai de rigueur, après lequel la déchéance est encourue et l'adoption reste sans effets. Cette inscription n'a lieu que sur le vu d'une expédition en forme de l'acte d'homologation.

C'est seulement après l'accomplissement de toutes ces formalités que l'adoption est irrévocable et qu'il ne dépend plus des parties d'annuler le contrat, car la société y est intervenue.

Nous ne devons pas terminer sans mentionner une chose que le législateur a prévue dans l'art. 360. C'est le cas où, pendant une procédure tendant à l'adoption, l'adoptant venait à mourir. La loi décide que l'instruction sera continuée et l'adoption prononcée s'il y a lieu.

Il nous semble que dans ce cas-là il suffira du simple contrat d'adoption au moment de la mort de l'adoptant pour que l'instruction puisse être continuée, puisque la loi a considéré l'acte passé devant le juge de paix comme une manifestation suffisante de la volonté de l'adoptant.

Cependant le législateur, craignant que l'adoption ne fût, quand elle se produisait dans des circonstances semblables, le fruit de manœuvres frauduleuses ou d'obsessions coupables, favorisées par l'état maladif d'un vieillard, a décidé que, dans le cas de décès de l'adoptant pendant le cours de la procédure, les héritiers, qui auront alors un intérêt né, pourront remettre au procureur impérial tous mémoires et observations qu'ils jugeront convenables.

Ainsi, en résumé, les formes de l'adoption ordinaire et rémunératoire sont au nombre de trois :

1° Consentement respectif des parties exprimé devant le juge de paix qui en dresse acte.

2° Prononcé en l'audience publique de l'arrêt d'homologation.

3° Inscription sur les registres de l'état civil.

§ 2. *Pour l'adoption testamentaire.*

Nous avons vu, d'après la définition de l'adoption testamentaire contenue dans l'art. 366, que la loi exige un testament. En présence du silence qu'elle garde sur la forme de ce testament, il faut penser qu'il peut être public, olographe ou mystique, au choix du testateur.

Si le testament est valable, l'adoption qu'il renferme le sera comme lui et n'aura besoin ni d'homologation ni d'inscription sur les registres de l'état civil.

Il est bien évident, comme nous l'avons dit plus haut, que l'adoption testamentaire ne devant produire d'effets qu'à la mort du tuteur officieux, elle est essentiellement révocable jusqu'à cette époque.

CHAPITRE QUATRIÈME.

EFFETS DE L'ADOPTION.

Maintenant que nous avons vu quelles sont les conditions de l'adoption et les formalités à suivre pour la faire prononcer, nous allons voir quels en sont les effets.

Mais, avant tout, il est deux propositions générales qu'il ne faut pas perdre de vue :

1° *L'adopté ne sort pas de sa famille naturelle :* il y conserve tous ses droits : ses père et mère naturels et ses ascendants conservent leur puissance sur lui ; il est tenu de requérir comme par le passé leur consentement à son mariage ; c'est encore à eux qu'il devra signifier les actes respectueux ; il leur devra encore des aliments. En un mot, il conserve toutes les obligations et tous les avantages qu'il avait dans son ancienne position. L'adoption n'a donc en rien changé les rapports de l'adopté avec sa famille naturelle.

Quoique le Code ne donne pas les noms de père et d'enfant à l'adoptant et à l'adopté, l'adoption est cependant une image de la paternité légitime. Ainsi, l'art. 299 qualifie de parricide le meurtre commis par l'adopté sur l'adoptant, et le punit exactement comme le meurtre commis par les enfants sur leurs père et mère naturels et légitimes.

2° *Il n'existe aucun lien juridique entre l'adoptant et les parents de l'adopté, ni réciproquement entre l'adopté et les parents de l'adoptant.* Ainsi, l'adopté n'aura aucun droit sur la succession des parents de l'adoptant, et il n'est pas tenu envers eux de l'obligation alimentaire. Mais doit-on considérer les enfants légitimes de l'adopté comme n'ayant aucune espèce de parenté civile avec l'adoptant? c'est ce que nous verrons plus tard.

Passons maintenant aux effets que produit l'adoption entre l'adoptant et l'adopté.

Ces effets sont au nombre de quatre :

Prohibition de mariage ;

Obligation alimentaire ;

Transmission de nom ;

Droit de successibilité.

Prohibition de mariage. — L'adoption établit une prohibition de mariage entre l'adoptant, l'adopté et ses descendants ; entre les enfants adoptifs du même individu ; entre l'adopté et les enfants qui pourraient survenir à l'adoptant ; entre l'adopté et le conjoint de l'adoptant, et réciproquement entre l'adoptant et le conjoint de l'adopté.

« L'affinité morale établie par l'adoption, a dit M. Berlier, entre les personnes de cette qualité, et les rapports physiques que la cohabitation fait naître entre elles, prescrivaient de ne pas offrir d'aliments à leurs passions par le mariage. »

Du reste, cette énumération est limitative, et ces empêchements ne sont que prohibitifs. En effet, nous trouvons au titre du mariage, l'énumération des empêchements dirimants, et nous n'y voyons pas figurer l'adoption.

Obligation alimentaire. — Cette obligation est réciproque. L'adopté en est tenu envers l'adoptant, et c'est même la seule obligation à laquelle la loi l'ait soumis. Quant à l'adoptant, il ne doit des aliments à l'adopté qu'à défaut de descendants et d'ascendants légitimes de ce dernier ; mais il les doit avant les alliés.

Cette dette alimentaire n'existe pas entre l'adopté et les ascendants de l'adoptant.

L'art. 349 fait observer que l'obligation naturelle de se fournir des aliments ne cesse pas d'exister entre l'adopté et ses père et mère. Cela se comprend facilement, puisque l'adopté reste dans sa famille naturelle.

Transmission de nom. — L'adopté prend le nom de l'adoptant et l'ajoute à son nom propre ; il le transmet à ses descendants. Si c'est une femme mariée ou une femme veuve qui adopte, c'est son nom de fille qu'elle donne à l'adopté, et non celui de son mari.

Droit de successibilité. — L'adopté acquiert sur la succession de l'adoptant les mêmes droits que ceux de l'enfant né en mariage, même quand il y aurait d'autres enfants de cette dernière qualité nés depuis l'adoption (art. 350).

Ces droits sont tellement étendus, que l'adopté exclut les ascendants de l'adoptant, qui n'ont pas même droit à une réserve ; car il faut être héritier pour réclamer une réserve, et ils ne le sont pas.

Du reste, ces droits ne peuvent s'exercer que sur la succession de l'adoptant ; ils ne s'étendent nullement à celle des parents de ce dernier.

Quant à l'adoptant, il n'a aucun droit sur la succession de l'adopté ; elle se règle d'après le droit commun. Cependant, si l'adopté ne laisse aucun descendant légitime, les biens que l'adoptant lui a donnés et qui se retrouvent en nature dans sa succession, reviennent à l'adoptant. Seulement on comprend que l'adoptant qui exerce ce droit, doit contribuer proportionnellement aux dettes et subir les droits d'usufruit, de servitude ou d'hypothèque que l'adopté a consentis sur ses biens.

Le surplus des biens de l'adopté, dans le cas de retour, appartiendra à ses propres parents, et ceux-ci excluront toujours tous héritiers de l'adoptant autres que ses descendants.

L'adoptant et ses héritiers n'exercent pas de même ce droit de retour. Si ce droit s'ouvre en la personne de l'adoptant, celui-ci prend ce que l'adopté a reçu de lui par donations entre-vifs. Si, au contraire, ce sont les descendants de l'adoptant qui jouissent de ce droit de retour, ils reprennent de plus ce que l'adopté a recueilli dans la succession de son père adoptif.

De plus, l'adoptant peut exercer ce droit de retour sur ses biens non-seulement dans la succession de l'adopté, mais encore dans la succession de ses enfants jusqu'au dernier, tandis que les descendants de l'adoptant ne peuvent l'exercer que sur la succession de l'adopté mort sans postérité.

On ne peut renoncer au droit de retour avant le jour de son ouverture, en vertu des termes de l'art. 791, suivant lequel on ne peut aliéner les droits éventuels que l'on peut avoir sur une succession.

CHAPITRE V.

DE LA NULLITÉ DE L'ADOPTION.

L'action en nullité sera portée devant le tribunal de première instance, l'adoption consistant dans le contrat passé devant le juge de paix et non dans l'homologation du tribunal et de la Cour.

Il nous semble d'abord que le dol, l'erreur ou la violence qui peuvent entacher le consentement soit de l'adoptant, soit de l'adopté, doivent entraîner la nullité. Ceci est un cas de nullité général, mais nous trouvons dans Zachariæ un passage où il explique d'une manière aussi complète que précise les cas de nullité spéciaux à l'adoption.

« L'adoption, dit-il, sera entachée de nullité lorsqu'elle aura été prononcée en l'absence de l'une ou l'autre des conditions requises, soit de celui qui se propose d'adopter, soit de celui qui veut être adopté;

lorsque les règles de compétence ou de forme requises pour la validité de l'un ou de l'autre des actes nécessaires à la perfection de l'adoption n'ont pas été observées. »

Il résulte de là que si, par exemple, l'adoptant n'a pas cinquante ans, ou s'il n'a pas quinze ans de plus que l'adopté, ou si l'adopté est mineur, ou s'il n'a pas l'exercice des droits civils, ou s'il a déjà été adopté par un autre, etc., l'adoption sera nulle.

Nous pensons que cette action en nullité se prescrit par trente ans. S'il s'agit de l'adoption testamentaire, il suffit qu'il n'y ait pas eu cinq années révolues depuis le commencement de la tutelle officieuse, ou qu'au moment de son décès, le testateur ait eu des enfants ou des descendants légitimes, ou que le tuteur ne soit pas mort avant la majorité du pupille, ou enfin que le testament, dans lequel l'adoption est contenue soit annullé.

L'action en nullité pour dol, erreur ou violence, ne peut être exercée que par ceux dont le consentement n'a été amené que par une de ces causes.

Quant aux autres causes de nullité, elles peuvent être invoquées par l'adoptant et par l'adopté, dans tous les cas; par le conjoint de l'adoptant et par les parents de l'adopté, dans le cas où l'on n'a pas requis leur consentement. Ce droit nous semble devoir être personnel et ne devoir pas s'étendre aux héritiers; enfin, par tous ceux qui ont un intérêt pécuniaire né et actuel, ainsi les héritiers de l'adoptant; et ce dernier droit, étant pécuniaire, peut se transmettre ou s'éteindre par prescription ou renonciation.

Nous ne parlons pas de la révocation; car l'adoption n'est révocable ni pour cause de survenance d'enfants, ni pour cause d'ingratitude de la part de l'adopté, ni pour l'inexécution des conditions, puisqu'il ne peut pas en avoir existé.

TROISIÈME PARTIE.

QUESTIONS.

1° *Peut-on adopter un étranger?*

Plusieurs jurisconsultes ont soutenu l'affirmative, en disant que l'adoption ne produisant aucun changement de nationalité, il n'y avait nul inconvénient à permettre qu'un Français pût adopter un étranger.

Cette opinion ne nous semble pas être celle qui doit prévaloir; car l'adoption n'est pas une simple institution contractuelle, c'est un acte solennel qui établit d'une manière irrévocable des rapports de paternité et de filiation. Or, un étranger doit-il être appelé à jouir de ces droits purement civils, lorsque ni la loi, ni des traités particuliers ne l'autorisent à le faire? nous ne le pensons pas. D'ailleurs, pourquoi la loi n'a-t-elle pas, parmi les droits qu'elle a concédés à l'étranger, notifié celui d'être adopté; pourquoi n'eût-elle pas dit qu'il peut l'être, aussi bien qu'elle a dit qu'il peut disposer, recevoir et succéder. C'est que la pensée du législateur était de réserver ce droit aux Français. Nous pensons que deux cas seulement peuvent se présenter dans lesquels un Français serait admis légalement à adopter un étranger : c'est d'abord lorsque cet étranger, par suite des traités qui existent entre sa nation et la nation française, est admis à jouir en France des droits que son pays accorde aux Français; c'est ensuite, lorsqu'il a été admis par notre gouvernement à établir son domicile en France et à y jouir de tous les droits civils tant qu'il continuera d'y résider (Code Napoléon, art. 11 et 13).

2° *Celui qui a déjà un fils adoptif, peut-il encore en adopter un ou plusieurs?*

L'affirmative nous semble résulter suffisamment de l'art. 348 du Code Napoléon, article aux termes duquel le mariage est prohibé entre les enfants adoptifs du même individu ; puisque le législateur suppose qu'il peut exister plusieurs enfants adoptifs du même individu, c'est qu'il ne voit pas là une violation de la loi, son intention est évidente. D'ailleurs, un grand nombre d'exemples sont venus confirmer l'opinion que nous avançons à cet égard. Toutefois nous pensons qu'un tribunal doit apporter beaucoup de soins et de réserve. avant d'autoriser celui qui a déjà un enfant adoptif à en adopter un ou plusieurs autres.

3° *Un prêtre peut-il adopter?*

Cette question a été fort controversée et le sera probablement longtemps encore, parce que les avis doivent être différents, selon que l'on se place sur un terrain purement juridique, ou que l'on discute la question à un point de vue exclusivement catholique et religieux.

Pour nous, qui ne trouvons rien dans l'intention des législateurs du Code qui paraisse vouloir mettre le prêtre en dehors de la loi commune, l'affirmative ne fait pas de doute.

C'est en vain que les partisans de la doctrine contraire nous font entendre des phrases dans le genre de celle-ci : « *Ne dites pas que vous gênez la liberté du prêtre, lorsque sa liberté a été d'être gêné; ne dites pas qu'il peut renoncer à être prêtre, lorsqu'il ne dépend pas de lui qu'il ne le soit plus; ne dites pas qu'il peut prendre femme, lorsqu'il a promis à Dieu et devant Dieu qu'il ne se marierait pas; ne dites pas, enfin, qu'il n'est pas lié sur la terre, lorsqu'il est lié dans le ciel* (De Cormenin).

Cette opinion peut être très-morale, très-religieuse et très-éloquemment traduite, mais nous étudions le droit, et à ce titre nous ne connaissons pas d'homme *dont la liberté ait été d'être gêné*, qui ne puisse, *après s'être fait prêtre*, renoncer à l'état ecclésiastique. Tout en reconnaissant le respect que les hommes doivent à un serment fait devant Dieu, nous n'avons jamais prétendu donner à ce serment, sous notre législation actuelle, une sanction juridique; nous ne prétendons pas empêcher le prêtre, qui s'est lié devant Dieu, de prendre femme ensuite, pas plus que nous ne donnerons une force légale à un mariage qui, célébré devant un ministre de l'Église, ne l'aurait pas été par l'officier de l'état civil. A notre point de vue, enfin, et quand il s'agit de résoudre un point de droit, c'est l'intention du législateur qu'il faut avant tout consulter, et nous devons rester sur la terre, sans nous préoccuper du ciel; toutes ces raisons n'ont donc aucun poids pour nous.

D'ailleurs nous voyons dans le passé les canonistes permettre l'adoption par le prêtre catholique. Nous trouvons dans une lettre de Jean VIII, qu'il avait adopté Boson, premier roi d'Arles; Mgr Affre, archevêque de Paris, consulté à l'occasion d'un procès qui occupa vivement, il y a quelques années, l'opinion publique, a lui-même déclaré qu'il ne connaissait aucune règle du droit canonique qui défendît l'adoption, tout en établissant, il est vrai, ses restrictions et en reconnaissant qu'un pareil acte est certainement opposé à l'esprit de l'Église (Lettre du 27 juin 1841). Ce sont là, il nous semble, des témoignages dont on ne peut contester l'autorité et l'impartialité, et nous ne savons pas de quel droit nous entrerions dans le domaine du droit canon pour nous y montrer plus sévère que les canons eux-mêmes.

Enfin, si l'intention du législateur était de défendre l'adoption par le prêtre catholique, pourquoi n'eût-il pas fait comme les Codes sarde, bavarois et prussien qui en ont formellement notifié la défense.

Cependant il est permis aux chefs du pouvoir ecclésiastique de s'opposer, dans la limite de leur autorité, à ce que ces adoptions soient trop fréquentes, car cela pourrait devenir, ainsi que le fait très-bien observer M. Demolombe, un danger pour la discipline ecclésiastique.

4° Peut-on adopter un enfant naturel reconnu ?

Il est peu de questions qui aient soulevé une polémique aussi vive que celle-ci. L'on trouve un grand nombre de jurisconsultes qui, après s'être prononcés d'abord pour l'affirmative, ont ensuite soutenu le contraire; d'autres encore qui, comme M. Merlin, ont varié trois fois d’opinion ; enfin, la Cour de cassation elle-même a constamment varié dans les arrêts qu’elle a prononcés à cet égard.

Nous ne pouvons, dans le cadre restreint de notre thèse, énumérer et discuter une à une les différentes raisons avancées par les partisans de ces deux opinions différentes; nous allons seulement citer quelques-unes.

On a dit que l’adoption a pour but de créer des liens de paternité et de filiation civils et fictifs entre des individus qui ne sont pas déjà unis l’un à l’autre par des liens pareils résultant du sang, et à l’appui de cette opinion, on a cité cité cette phrase de Cujas : « *Adoptio est actio legis, qua qui filius meus non est ad vicem redigitur* », et ces autres phrases de Fenet : «*Telle est l’adoption qui, à défaut du lien que la nature a négligé de former ou a laissé rompre, vient en créer un pour unir deux êtres étrangers jusque-là l’un à l’autre.— L’adoption est un bien pour celui qui adopte, elle lui donne la qualité de père que la nature lui avait refusée.*» Mais toutes ces phrases n’ont pour fondement que la définition qu’on a bien voulu donner de l’adoption, définition arbitraire qui n’est nulle part écrite dans les textes et n’a par conséquent aucune valeur probante.

Mais, a-t-on dit, si vous permettez l’adoption d’un enfant naturel reconnu, c’est une véritable légitimation que vous autorisez, et nous savons qu’aux termes de l’art. 331, les enfants naturels ne peuvent être légitimés que par le mariage subséquent de leurs père et mère. D’abord le texte de la loi ne dit pas : « *ne* pourront être légitimés *que* par le mariage, mais les père et mère *pourront* légitimer; d’ailleurs, il ne s’agit pas ici d’une légitimation, mais d’une adoption dont les effets diffèrent essentiellement de ceux que produit la légitimation, puisque par l’adoption l’adopté ne devient nullement parent des parents de l’adoptant, tandis que la légitimation établit entre l’enfant légitimé et les parents de celui qui l’a légitimé, des rapports de parenté ; puisque ensuite le droit réciproque de successibilité établie par la légitimation entre l’enfant légitime et ses père et mère, n’est point établi par l’adoption.

On a cité une foule de textes qui, selon les partisans de la doctrine contraire à l'adoption, semblent montrer que le législateur a voulu se prononcer pour eux, et l'on a dit: « Pourquoi exige-t-on que les parents de l'enfant consentent à l'adoption? pourquoi dit-on que l'enfant ajoutera à son nom propre, c'est-à-dire à celui de son père naturel, le nom de son père adoptif? Pourquoi la loi dit-elle que l'enfant adoptif conservera ses droits héréditaires dans sa famille dont il ne cesse pas d'être membre? Enfin, quelles obligations nouvelles contracte donc le père de l'enfant naturel reconnu en l'adoptant? Est-ce de le nourrir? Est-ce de l'élever? Est-ce de lui fournir les moyens de gagner sa vie?... Mais est-ce que la nature ne lui imposait pas d'avance et d'une manière plus forte que toutes les institutions, ces différentes obligations? Mais ces règles ont été établies seulement pour le *plerumque fit;* le législateur ne pouvait pas s'occuper des exceptions. Ces règles sont applicables quand elles peuvent l'être: dans le cas contraire, on les néglige. Ainsi, par exemple, que l'on suppose le cas où l'adopté est le neveu consanguin de l'adoptant, est-ce qu'ils ne porteront pas l'un et l'autre le même nom avant l'adoption?

Mais pourquoi l'art. 756 du Code civil déclare-t-il formellement que l'enfant naturel ne peut devenir *héritier* et a-t-il restreint ses droits à l'exercice d'une action pour réclamer dans les biens de ses père et mère une quotité plus ou moins considérable, selon la qualité des héritiers qui doivent la fournir, s'il dépend de la volonté de son père naturel de lui conférer la qualité d'héritier qui résulte de l'adoption? Pourquoi l'art. 906 frappe-t-il les enfants naturels d'une incapacité absolue de n'en recevoir au delà par donations entre-vifs ou par testament, si l'enfant naturel peut devenir enfant adoptif de son père naturel et recevoir par donations entre-vifs ou par testament tout ce que ce dernier lui donnera? Mais ici l'on abandonne la question, car l'art. 908 n'a pas trait aux enfants naturels reconnus, mais aux enfants naturels restés tels.

Il nous semble donc démontré que l'adoption de l'enfant naturel, permise au père qui l'a reconnu, sera parfaitement valable; mais d'où vient que les opinions à cet égard sont autant divisées, d'où vient que, si MM. Proudhon, Duranton, Zachariæ, Aubry et Rau soutiennent cette adoption, MM. Delvincourt, Demolombe et Benech la prohibent? Nous croyons que cela vient de ce que les partisans des deux doctrines sont trop exclusifs dans l'expression de leur opinion, et, tout en nous prononçant pour la validité de cette espèce d'adoption, nous ne pouvons être de l'avis de ceux qui prétendent qu'on ne doit tenir aucun compte de la qualité de père chez l'adoptant, et que cette qualité même peut devenir un motif de plus pour qu'on permette l'adoption; nous croyons que l'adoption une fois permise dans les conditions dont nous parlons, rien ne peut en détruire la complète validité, mais nous croyons en même temps que les juges ne doivent la permettre qu'après de sérieuses réflexions et en considérant toujours la qualité de père comme une des raisons qui pourraient *moralement* les faire hésiter devant une détermination affirmative; et c'est, nous le croyons, quelle a été la pensée du législateur en gardant le silence sur une question aussi grave et qu'il a bien dû prévoir se présenter souvent. Il a voulu que le juge fût complétement indépendant, qu'aucun texte ne pût influer sur lui, et que sa détermination ne lui fût dictée que par sa conscience et ses lumières. Nous sommes donc bien loin aussi de l'avis de ceux qui voudraient voir établir une jurisprudence constante à cet égard. M. Portalis a dit que le pouvoir de juger selon l'équité est nécessaire, parce que la loi qui se ressent de l'imperfection des hommes n'a pas pu prévoir tous les cas qui peuvent se présenter, et que le cours de la justice serait souvent interrompu si l'équité n'était pas le supplément naturel des lois.

Le législateur s'est tu, parce qu'il voulait se taire, et il a voulu se taire pour laisser la solution de la question, quand elle se présenterait, à cette équité dont parle M. Portalis et qui est une des plus nobles prérogatives de la magistrature.

Si le législateur s'était ouvertement prononcé pour l'affirmative, nous n'aurions pas, il est vrai, à discuter les objections que nous venons de citer et qui tomberaient devant l'autorité d'un texte; mais, d'un autre côté, l'attention des magistrats ne serait peut-être pas suffisamment attirée sur cette qualité de père d'un enfant naturel reconnu, qualité qui, pour nous résumer, ne peut jamais devenir légalement un empêchement dirimant, mais constitue en quelque sorte un empêchement prohibitif *moral*.

5° *L'adoption peut-elle se faire par mandataire?*.

Malgré l'opinion de Grenier qui penche pour la négative à cause de l'importance de l'acte d'adoption et des termes de l'art. 353 qui parle de la comparution de l'adoptant et de l'adopté, et quoi qu'en ait dit M. Odilon-Barrot qui pense aussi que l'adoption ne peut se faire par mandataire, nous croyons qu'on doit décider l'affirmative. D'après ce principe que la loi elle-même applique aux actes de l'état civil dans l'art. 36 du Code Napoléon. « *Dans les cas où les parties intéressées ne sont pas obligées de comparaître en personne, elles peuvent se faire représenter par un fondé de pouvoir spécial et authentique.*» Or, comme l'art. 353 ne dit pas textuellement et formellement que les parties se présenteront *en personne*, nous pensons qu'au besoin un mandataire doit suffire. D'ailleurs, la loi n'aurait pas de raisons pour se montrer aussi sévère au sujet de l'adoption qu'au sujet du mariage qui, tout en étant un acte d'une immense importance, n'est pas cependant soumis à d'aussi minutieuses et aussi longues formalités que l'adoption.

6° *L'adopté a-t-il droit comme l'enfant légitime à une réserve?*

Quelques-uns ont soutenu le contraire en s'appuyant sur ce qu'avait dit M. Berneger dans les discussions au conseil d'État, que l'adoption n'est qu'une donation accompagnée de formalités et de conditions particulières. Partant de ce principe, ils ont conclu nécessairement que l'adoption ne peut porter atteinte à la réserve des héritiers légitimes, conséquence fausse comme le principe lui-même était faux. Du reste, l’affirmative est presque unanimement adoptée, et en effet elle nous semble suffisamment résulter de l’art. 350 du Code Napoléon, d’après lequel l’adopté doit avoir sur la succession de l’adoptant les mêmes droits que l’enfant né en mariage, même quand il y aurait d’autres enfants de cette dernière qualité, nés depuis l’adoption. Par conséquent, puisque l’enfant légitime a une réserve sur la succession de son père, de même l’enfant adopté doit avoir une réserve sur la succession de l’adoptant.

7° L’adoption emporte-t-elle révocation des donations entre-vifs qui l’ont précédée?

Nous ne le pensons pas. En effet, en vertu de la disposition de l’art. 960 du Code Napoléon, disposition claire et précise, la survenance d’anfants nés du mariage révoque de plein droit les donations entre-vifs préexistantes, et même si un enfant naturel légitimé par le mariage subséquent était déjà conçu à l’époque où la donation a été faite, cette donation est révoquée de plein droit. Mais s’il ne l’était pas, la donation sera stable, car il ne faut pas s’y tromper, le législateur, en décidant que la survenance d’un enfant légitime emporterait révocation des donations antérieures, n’a pas voulu seulement favoriser l’enfant, mais encore le père qui est censé avoir fait ces donations dans un moment où l’absence d’enfants ne lui permettait pas d’éprouver les sentiments qu’éveille dans le cœur de l’homme la paternité réelle. Mais pourquoi le législateur, puisqu’il parle des enfants naturels légitimés et des enfants légitimes, ne parle-t-il pas des enfants adoptifs? C’est qu’il n’a pas voulu que des donations, sur lesquelles le donataire a dû compter, puissent lui échapper par le seul caprice du donateur, qui se servirait ainsi de l’adoption pour reprendre des biens qu’il avait donnés.

Disons cependant que si, l’adoption une fois faite, l’adoptant vient à avoir un enfant légitime, la naissance de cet enfant donnant lieu à la révocation des donations antérieures, l’enfant adoptif profitera comme lui de cette révocation et aura par un autre un droit qu’il n’eût point eu lui-même (Delvincourt, t. Ier, p. 143. — Toullier, t. Ier, n° 1011).

8° Les donations antérieures à l'adoption ne sont-elles pas susceptibles
de réduction pour fournir la réserve légale de l'enfant adoptif?

Nous avons vu dans l'art. 350 du Code Napoléon que l'adopté doit avoir sur la succession de l'adoptant les mêmes droits qu'y aurait l'enfant né du mariage, alors même qu'il y aurait des enfants nés de cette dernière qualité depuis l'adoption, et nous en avons conclu (question 6) que, puisque l'enfant légitime a une réserve sur la succession de son père, l'enfant adoptif doit également en avoir une sur la succession de l'adoptant. Mais ne trouvons-nous pas aux art. 920 et suivants du Code Napoléon que l'enfant légitime peut faire réduire les donations qui portent atteinte à sa réserve, à quelque époque que ces actes de libéralité aient été passés? De même l'adopté, à qui ce droit est commun, peut l'exercer sur toutes les donations faites au préjudice de sa réserve, soit antérieurement, soit postérieurement à l'adoption.

La cour de cassation a rendu un arrêt dans ce sens le 29 juin 1825 (affaire Carion de Nisas).

9° La conception d'un enfant au moment de l'adoption doit-elle faire
considérer cette adoption comme non avenue?

L'affirmative nous semble résulter suffisamment de la maxime : *infans conceptus pro nato habetur, quoties de commodis ejus agitur.* C'est en vain que les partisans de la doctrine contraire prétendent qu'il y a là une fausse interprétation de la maxime latine, et que la conception de l'enfant ne peut le faire considérer comme né que lorsqu'il s'agit de ses intérêts, tandis que, dans le cas présent, il s'agit du droit que l'adoptant peut avoir de révoquer la donation. Cet argument ne nous semble pas juste, car le véritable droit qui soit sérieusement en question, c'est celui que l'enfant peut avoir par son existence dans le ventre de sa mère, d'empêcher l'adoption. On comprend de quelle importance est la solution de cette question, car s'il était admis que la conception d'un enfant au moment de l'adoption ne peut faire considérer cette adoption comme non avenue, l'adopté, au jour de la mort de l'adoptant, pourrait disputer à cet enfant le droit de venir, comme il pourrait le faire dans le cas contraire, à la succession de l'adoptant. Or, l'intention du législateur n'a dû jamais être de favoriser ainsi l'enfant de la fiction aux dépens de l'enfant de la nature.

Quant aux délais fixés pour la durée de la gestation, on sait que le Code Napoléon a déclaré que la plus longue durée est de 300 jours et la plus courte de 180, mais que décidera-t-on pour les enfants qui naissènt entre le 300e et le 180e jour? Nous croycns que, dans ce cas là, c'est la conviction du juge, éclairée par l'avis des médecins, qui devra lui dicter son arrêt.

Il est bien entendu que c'est au jour où le contrat a été passé devant le juge de paix que la conception doit remonter pour que l'adoption soit non avenue.

Nous n'avons pas la prétention d'avoir énuméré et discuté toutes les questions qui penvent s'élever au sujet de l'adoption.

Nous voulions seulement citer quelques-unes de celles qui sont les plus importantes et qui ont donné lieu au plus grand nombre de controverses.

DROIT ADMINISTRATIF.

***

De routes impériales et départementales et des chemins vicinaux.

***

De la voirie.

Les voies de communication jouent un grand rôle dans la prospérité industrielle, commerciale et agricole d'un pays. Ces trois principales sources de la richesse d'un peuple ne peuvent s'exercer avantageusement que lorsque le producteur dispose de débouchés qui mettent ses produits à la portée du consommateur à peu de frais et sans risques.

Aussi le législateur s'est-il occupé à plusieurs reprises de l'organisation et du perfectionnement de la voirie. Bonaparte, premier consul, rendit en 1811 un décret qui sert encore aujourd'hui de base à une grande partie de notre législation sur la voirie. La loi du 21 mai 1836 établit des principes solides sur les chemins vicinaux. Quant aux règles de compétence, ce sont les lois du 28 pluviôse an VIII et du 29 floréal an X qui régissent la matière.

L'expression de voirie, prise dans son acception la plus large, désigne aujourd'hui toutes les voies de communication, tant celles par terre que par eau; la même expression convient aussi à l'ensemble des règles relatives à leur établissement, à la conservation et à la police de ces voies.

La voirie se divise en grande et en petite, lorsqu'il s'agit des routes et chemins publics ; cette distinction n'est pas applicable aux voies de navigation, qui ne peuvent être assimilées aux voies de communication par terre.

La grande voirie comprend les routes impériales, départementales ; de plus, les rues des villes, bourgs et villages qui servent de grandes routes (Loi du 21 mai 1836, art. 7 et 8); les rues sont classées grandes routes par ordonnances ou décrets.

La petite voirie comprend les chemins vicinaux de grande et de petite communication, et la voirie urbaine qui rentre dans l'administration communale.

Cette distinction est importante, car les règles sont différentes, soit pour l'administration, soit pour la compétence.

Notre travail n'ayant rapport qu'aux routes impériales et départementales et aux chemins vicinaux, nous le diviserons en deux parties.

PREMIÈRE PARTIE.

I. DES ROUTES IMPÉRIALES ET DÉPARTEMENTALES. — II. DE LEUR CONSTRUCTION. — III. DE LEUR ENTRETIEN. — IV. DE LA POURSUITE ET DU JUGEMENT DES CONTRAVENTIONS.

I. Par le décret de 1811, les grandes routes ont été divisées en routes impériales et départementales.

Les premières se subdivisent en trois classes : 1° celles de première classe qui conduisent de la capitale aux frontières ou aux villes maritimes d'une grande importance ; 2° celles de deuxième classe qui suivent la même direction, mais aboutissent à des endroits moins considérables ; 3° celles qui, sans partir de la capitale, se dirigent également vers les frontières (art. 3 du décret de 1811).

Les routes départementales ne forment qu'une classe ; elles vont du chef-lieu aux arrondissements, ou servent de communication entre deux départements.

II. Le décret de 1811 avait mis à la charge exclusive de l'État les routes impériales des deux premières classes (art. 5). Celles de troisième classe devaient être construites concurremment avec les départements qu'elles traversent; mais, depuis, plusieurs lois de finance ont abrogé cet article, de sorte que l'État supporte seul aujourd'hui la construction de toutes les routes impériales.

La loi du 16 septembre 1807 et le décret du 16 décembre 1811 ont statué que les frais de construction et d'entretien des routes départementales sont répartis entre le département, les arrondissements et les communes qui sont reconnues participer plus particulièrement à leur usage; mais la proportion étant très-difficile à déterminer, il y est pourvu par des centimes additionnels supportés par la généralité du département.

Depuis le sénatus-consulte révisant la Constitution de 1852, un décret impérial suffit pour ordonner la création d'une route impériale; mais les fonds nécessaires sont votés par une loi.

La demande d'ouverture de reconstruction d'une route départementale peut être faite par des arrondissements et des communes.

Après l'enquête prescrite par l'art. 3 de la loi du 3 mai 1811, les délibérations du conseil général et l'avis personnel du préfet, les pièces sont envoyées au ministre, et il est statué définitivement sur son rapport par un décret impérial.

Les travaux des routes impériales et départementales ainsi décrétés sont faits sous la surveillance des ponts et chaussées (loi du 19 janvier 1791 et décret du 25 août 1804).

Le premier devoir de ces agents sera de faire un tracé exact et définitif de la route, qui est notifié par arrêté du préfet aux propriétaires qu'il intéresse. Ils doivent livrer passage aux agents, sauf à réclamer indemnité (Cour de cassation, 4 mars 1825).

L'administration procède ensuite à l'acquisition des immeubles privés nécessaires à la confection de la route; cette acquisition a lieu à l'amiable ou par l'expropriation pour cause d'utilité publique (loi du 3 mai 1841, modifiant celle du 7 juillet 1833).

L'administration pourra se mettre à l'œuvre et procéder à l'adjudication des travaux, ou les exécuter elle-même par régie.

La loi a imposé aux propriétaires riverains la servitude de l'extraction des matériaux; ce droit est la conséquence obligée de l'établissement légalement autorisé de la route (décret du 6 octobre 1791, sect. 6, art 1er).

L'extraction des matériaux ne doit se faire que dans les lieux indiqués par les devis et adjudications. L'entrepreneur a aussi le droit de passer sur les propriétés riveraines pour transporter des matériaux, pourvu qu'il prévienne d'avance et indemnise (loi du 6 septembre 1807, art. 55).

III. Le besoin de conserver les routes dans un bon entretien, basé sur un intérêt aussi général que leur création, a donné lieu à une foule de charges et d'obligations imposées tant aux riverains qu'à ceux qui font usage des voies de communication.

Il serait trop long de les énumérer toutes, nous citerons les principales.

Les frais d'entretien en ce qui concerne les routes impériales sont supportés par l'État. Les routes départementales sont entretenues par le département.

Les fonds à ce destinés sont consentis par le conseil général, quelquefois l'État accorde des subventions.

Les obligations imposées aux usagers des routes sont très-nombreuses. Elles sont réglées par des dispositions administratives désignées par l'expression de police des routes et du roulage. L'autorité locale a un pouvoir discrétionnaire pour toutes les mesures intéressant la salubrité publique (loi du 17 juillet 1691, art. 46).

Le décret du 10 août 1852 a statué sur la conservation des routes. Les charges imposées aux riverains sont le plus souvent de véritables servitudes.

Une des plus anciennes est la plantation des arbres prescrite par une ordonnance de François Ier, du 1er février 1522, renouvelée par plusieurs ordonnances et régie en dernier lieu par un décret du 16 décembre 1811, art. 88 et 89. La question de la propriété de ces arbres a donné lieu à de nombreuses difficultés entre l'État et les particuliers, mais il est aujourd'hui décidé que l'État ne possède que les arbres placés sur le bord intérieur des routes.

Mais de toutes les servitudes imposées aux riverains, celle qui dérive de l'alignement est la plus susceptible de léser leurs intérêts.

L'alignement est la fixation de la limite qui sépare la voie publique actuelle ou future de la propriété privée. Il a pour but de maintenir la direction, la largeur, la régularité et la viabilité des routes. Cette partie importante de la grande voirie est surtout régie par la législation antérieure à 1789, notamment par l'arrêt du Conseil du 27 février 1765.

Un plan général d'alignement des routes impériales et départementales est dressé par l'administration; après avoir été soumis à une enquête, il est rendu définitif par un décret. Tous ceux qui veulent faire des constructions, doivent demander l'alignement au préfet, qui est seul compétent pour le leur donner. Celui qui bâtit sans prendre cet alignement, encourt l'amende prononcée par l'arrêt du 27 février 1765; de plus, il peut être contraint de démolir en vertu d'un arrêté du conseil de préfecture, s'il a anticipé sur le sol public.

L'alignement donné par l'autorité compétente emporte l'interdiction de réparer tous travaux de réconfortation et de reconstruction des murs de la maison qui se trouve sur la limite (décret du 22 juin 1810).

L'administration a deux moyens d'obtenir la régularisation des constructions en saillie sur le tracé indiqué par l'alignement; ou elle exproprie pour cause d'utilité publique, ou elle attend que les constructions tombent en ruine.

Cette prescription de la loi nous semble conduire souvent à de véritables injustices; c'est au point que l'administration n'a pas cru toujours pouvoir user de son droit; car souvent une réparation qui occasionne peu de frais, peut prolonger pendant bien longtemps la durée d'une construction qui est impossible en présence de la législation actuelle.

IV. Tous les faits de nature à détériorer les routes, à anticiper sur leur largeur, à entraver la libre circulation, toute infraction quelconque aux charges et obligations que nous avons énumérées, constituent des contraventions en matière de grande voirie, ces faits sont réprimés par la loi du 29 floréal an X, par le Code pénal (art. 471) et par la loi du 16 décembre 1811.

A raison de la nécessité de constater et de poursuivre promptement ces contraventions, le législateur, dans la loi du 29 floréal an X, a chargé un grand nombre de fonctionnaires du soin de ces poursuites. Toutefois les décisions de ces fonctionnaires qui ne sont pas juges au contentieux, ne sont que provisoires, on peut toujours recourir au conseil de préfecture et ensuite au conseil d'État.

La pénalité qui peut frapper les délinquants consiste dans des amendes, des dommages-intérêts envers l'État ou les départements et l'emprisonnement. Mais, quant à cette dernière peine, le conseil de préfecture ne peut la prononcer, il doit renvoyer les coupables devant un tribunal ordinaire.

Enfin toutes les questions de propriété soulevées devant le conseil de préfecture sont de la compétence exclusive des tribunaux civils.

SECONDE PARTIE.

I. DES CHEMINS VICINAUX. — II. DE LEUR CLASSEMENT, DE L'OUVERTURE ET DU DÉCLASSEMENT DE CES CHEMINS. — III. DES RESSOURCES APPLICABLES A LEUR CONSTRUCTION ET A LEUR ENTRETIEN. — IV. DE LA POURSUITE DES CONTRAVENTIONS SUR LES CHEMINS VICINAUX.

I. Avant 1789, on désignait tous les chemins sillonnant la campagne, autres que les grandes routes et les chemins privés, indifféremment par les expressions de chemins ruraux, chemins communaux, chemins vicinaux. Depuis cette époque, et surtout depuis la loi de 1836, cette dernière expression ne convient plus qu'à une seule classe de chemins à raison de son importance et pour éviter toute confusion. Cette loi a divisé d'une manière implicite les chemins vicinaux en deux catégories.

On entend aujourd'hui par chemins vicinaux tous ceux qui, n'intéressant directement que les communes, sont à leur charge et ont été *classés comme tels*.

Les chemins vicinaux n'intéressent qu'une commune, tels que ceux qui conduisent à une rivière, à une route importante; ils sont appelés chemins vicinaux de *petite communication*.

D'autres embrassent plusieurs communes, et sont connus sous le nom de chemins vicinaux de *grande communication*. Ils sont assimilés, quant à leur importance, aux routes départementales, mais les frais de leur construction et leur entretien sont supportés par les communes intéressées, quelquefois par une subvention du département.

II. Le caractère de vicinalité n'existe qu'en vertu d'une déclaration de l'autorité administrative, tous les chemins qui n'ont pas été *classés* par un arrêté préfectoral comme vicinaux, se trouvent rélégués en dehors de cette catégorie; ils prennent la dénomination de chemins *ruraux*.

Pour la grande vicinalité, la déclaration émane du conseil général, car les départements, à raison des subventions qu'ils accordent ordinairement, ont un intérêt à la construction et à l'entretien des chemins vicinaux de grande communication. C'est donc le conseil général qui en fixe le classement et la direction sur l'avis des conseils municipaux, des conseils d'arrondissements et sur la proposition des préfets.

La déclaration de petite vicinalité émane du préfet, sur l'avis du conseil municipal (loi du 28 juillet 1824).

Cette déclaration peut intervenir dans deux cas:

1° Appliquée à un chemin déjà existant communal ou rural, elle met le public en possession de la largeur des chemins, malgré les prétentions des propriétaires riverains; la possession privée disparaît, toute action possessoire est rejetée.

Les chemins vicinaux reconnus et maintenus comme tels sont imprescriptibles (loi de 1836, art. 10).

Dans ce cas, les préfets chargent les maires de dresser un état des chemins publics auxquels il est nécessaire d'attribuer le caractère de vicinalité. Cet état indique la direction de chaque chemin, sa longueur sur le territoire de la commune et sa largeur actuelle, ainsi que les portions qui devraient être élargies ; il est soumis à une enquête pendant un mois. Ce délai expiré, l'état, ainsi que les observations auxquelles il a pu donner lieu, sont l'objet d'une délibération du conseil municipal, dont l'avis, avec les pièces ci-dessus, est adressé au sous-préfet, lequel transmet le tout au préfet. Celui-ci prend alors une décision définitive.

2° Appliquée à des chemins nouveaux ou à des redressements de chemins existants déjà, les travaux sont autorisés par un simple arrêté du préfet (loi de 1836, art. 16), qui tient lieu de tous actes préalables exigés par la loi ordinaire d'expropriation, si la cession à l'amiable n'a pas lieu (C. de cass., 12 avril 1838).

Les décisions des préfets, en cette matière, sont de pure administration et ne peuvent être portées au conseil d'État par la voie contentieuse, à moins que ces formalités essentielles n'aient été omises.

Il peut arriver qu'un chemin vicinal n'ait plus le degré d'importance qui lui avait attribué ce caractère. Dans ce cas, le préfet et le conseil général, dans le cas d'un chemin vicinal de grande communication, peuvent révoquer leurs décisions qui sont de purs actes d'administration ; cette opération s'appelle déclassement. Un tel chemin peut n'être plus même conservé comme chemin rural, il peut être entièrement abandonné. L'art. 19 de la loi de 1836 prévoit cette hypothèse.

III. Le but du classement des chemins vicinaux est d'y affecter exclusivement et nécessairement certaines contributions, en empêchant ainsi d'éparpiller les ressources communales sur un grand nombre de chemins d'une utilité plus ou moins contestable, sans qu'on arrivât à obtenir des chemins bien entretenus et commodes.

Toutes les communes qui retirent quelque utilité d'un chemin vicinal, devront concourir proportionnellement à sa construction et son entretien. Ce concours se calcule non pas seulement d'après la longueur du chemin, mais d'après les avantages réels que les habitants en retirent.

C'est le préfet pour les chemins vicinaux ordinaires et le conseil général pour ceux de grande communication qui fixent ce concours; mais c'est le préfet seul qui fixe la proportion dans laquelle chacune des communes devra concourir. Cet arrêté du préfet est encore un pur acte d'administration qui ne peut être attaqué que par voie de recours auprès du ministre de l'intérieur (conseil d'État, 19 juin 1838).

Les ressources applicables à la construction et à l'entretien des chemins vicinaux ordinaires et de grande communication, sont les suivantes:

1° Les revenus ordinaires des communes.

2° Les prestations en nature introduites par la loi de 1824; elles ont été conservées avec de légères modifications par celle de 1836. Cette prestation est due jusqu'à concurrence du maximum de trois journées de travail (art. 3 de la loi précitée). Elle peut être remplacée par une somme fixe en argent calculée d'après le nombre de journées dues.

3° Les centimes additionnels votés en outre du principal des quatre contributions directes et dont le maximum est fixé à cinq. La dépense étant obligatoire, le conseil municipal la vote sans l'adjonction des plus imposés de la commune.

4° A la différence des impositions extraordinaires qui, étant une ressource facultative, ne seront votées par les conseils municipaux qu'avec le concours des plus imposés de la commune.

5° Les subventions sur les fonds départementaux. C'est le conseil général qui fixe la quotité de ces subventions pour le département (art. 12, loi de 1836). Le préfet en fait la répartition.

Pour les chemins vicinaux de grande communication, les subventions départementales sont de règle; mais elles ne sont accordées aux autres que lorsque les quatre premières ressources ne suffisent pas.

En outre, lorsque l'établissement d'un chemin vicinal procure une grande augmentation à un domaine privé, la loi de septembre 1807 permet d'appeler les propriétaires à la dépense de frais de construction. Ceux qui dégradent un chemin vicinal par des exploitations de mines, carrières, etc., concourent spécialement à l'entretien de ce chemin (loi de 1836, art. 14).

IV. Les personnes chargées de constater les contraventions qui se commettent sur les chemins vicinaux sont les maires, les adjoints, les commissaires de police, les gardes champêtres, les gendarmes, les agents-voyers. Les préfets peuvent en outre, si ce surcroît de charge donne lieu à des inconvénients, nommer des agents chargés uniquement de ce soin (loi de 1836, art. 11).

Les contraventions se rapportent ou aux entreprises qui consistent à envahir le chemin ou à en réduire la largeur, ou aux faits qui tendent à le dégrader, à l'obstruer, à mettre obstacle à la viabilité, à la sûreté et à la commodité du passage, ou bien à l'inobservation des règlements locaux, sans qu'il en résulte aucun dommage direct.

Les contraventions légalement constatées, reste à savoir quel tribunal sera compétent pour en connaître ?

Les tribunaux de simple police connaissent de toutes les contraventions autres que les usurpations du sol; il leur appartient de réprimer et de punir les dégradations des chemins, l'enlèvement de gazon, de pierres, de terre, les dépôts de matériaux faits sans nécessité, les infractions aux règlements faits pas les préfets ou les maires pour l'entretien et la police des routes. Le droit de ces tribunaux se trouve énoncé au Code pénal, art. 471, n° 4, et 479, n°s 11 et 12.

Mais de graves dissidents se sont élevés entre la Cour de cassation et le conseil d'État, lorsqu'il s'est agi de déterminer la limite de la compétence des tribunaux ordinaires et des conseils de préfecture, dans la répression des contraventions résultant d'usurpations sur les chemins vicinaux.

Nous croyons que les conseils de préfecture étant, comme tribunaux administratifs, seuls en état de juger s'il y a anticipation sur les chemins vicinaux, devraient être compétents non-seulement pour constater cette contravention et pour ordonner la destruction de tels ouvrages, mais encore pour prononcer l'amende.

Quoi qu'il en soit, il a été jugé que l'exception de propriété du sol soulevée par un délinquant, ne fait pas obstacle à ce que le conseil de préfecture ordonne la destruction des ouvrages qui ont donné lieu à l'usurpation du chemin vicinal régulièrement classé, sans préjudice toutefois du droit du réclamant d'exiger devant l'autorité judiciaire une indemnité de dépossession (Arrêts du conseil d'État du 19 avril 1838 et du 8 mars 1851).

Si depuis la contravention le chemin perd son caractère de vicinalité, le conseil de préfecture cesse d'être compétent (Arrêt du conseil d'État du 9 février 1837).

Le Doyen, AUBRY.

Vu par nous Président de l'acte public,
Strasbourg, le 8 janvier 1858.
RAU.

Permis d'imprimer.
Strasbourg, le 8 janvier 1858.
Le Recteur, DELCASSO.